Luiz Carlos Osorio

MUDAR JUNTOS!

Um texto romanceado sobre desenvolvimento interpessoal para contribuir com seu desempenho pessoal e profissional

L. C. Osorio é psiquiatra, psicanalista, terapeuta de grupos e famílias, consultor de sistemas humanos e autor de mais de duas dezenas de livros.

2ª edição

MUDAR JUNTOS!

Copyright© 2013 by Editora Ser Mais Ltda.
Todos os direitos desta edição são reservados à Editora Ser Mais Ltda.

Presidente: Mauricio Sita
Capa: Leonardo Burtet
Diagramação: McSill Story Consultancy
Revisão: Luiz Carlos Osorio
Gerente de Projetos: Gleide Santos
Diretora de Operações: Alessandra Ksenhuck
Diretora Executiva: Julyana Rosa
Relacionamento com o cliente: Claudia Pires
Impressão: Imprensa da Fé

**Dados Internacionais de Catalogação na Publicação (CIP)
(Câmara Brasileira do Livro, SP, BRASIL)**

Mudar Juntos/ Luiz Carlos Osorio – 2a. ed.. – São Paulo: Editora Ser Mais, 2013.

Bibliografia
ISBN 978-85-63178-49-7

1. Relacionamento interpessoal. 2. Relações humanas. 3. Psiquiatria. 4. Realização pessoal.

CDD 658.3

Índices para catálogo sistemático:
1. Relacionamento interpessoal. 2. Relações humanas. 3. Psiquiatria. 4. Realização pessoal.

Editora Ser Mais Ltda
Rua Antônio Augusto Covello, 472 – Vila Mariana – São Paulo, SP – CEP 01550-060
Fone/fax: (0**11) 2659-0968
Site: www.editorasermais.com.br
e-mail: contato@revistasermais.com.br

Luiz Carlos Osorio

MUDAR JUNTOS!

Um texto romanceado sobre desenvolvimento interpessoal para contribuir com seu desempenho pessoal e profissional

AGRADECIMENTOS

A James McSill, sem cujo apoio e incentivo este livro não teria sido escrito.

A Maria Elizabeth Pascual do Valle, a quem devo a metáfora do "lixo psíquico"... e muito, muito mais!

A Beatriz Campos, que me proporcionou o contato com o James e é minha parceira de projetos profissionais futuros.

A Neidi Schneider e Mauro Oliveira, co-idealizadores e pioneiros na implementação dos laboratórios sobre exercício da autoridade e funções de liderança (modelo Tavistock) em nosso país, com quem compartilhei a criação do Gruppo Orbis para viabilizar tais laboratórios.

A Luiz Fernando Garcia, com quem aprendi que não se pode jogar par ou ímpar sozinho e que, com sua criatividade, foi além do "e" para introduzir o "com" na práxis sistêmica.

A Douglas Burtet, que com sua parceria e seus 'feedbacks', tem enriquecido minhas abordagens interpessoais.

A Francisco Baptista Neto, amigo-irmão, que tem me ajudado a ser mais tolerante, com os defeitos meus e alheios, e a conviver com as imperfeições humanas denunciadas em seu livro de provocativo título: "Somos todos criminosos e desonestos?"

O autor e sua obra

Luiz Carlos Osorio é médico psiquiatra, psicanalista, terapeuta de casais e famílias e consultor de sistemas humanos. Sua trajetória profissional tem se caracterizado pelo **pioneirismo.**

Nos anos 1960, foi um dos fundadores da primeira comunidade terapêutica para crianças e adolescentes da América Latina, em Porto Alegre, RS, que se tornou referência para os profissionais da área no país e fora dele, tendo os artigos escritos por Osorio, a respeito dessa iniciativa, merecido figurar nas mais importantes revistas científicas de psiquiatria infantil da época, bem como nas citações bibliográficas dos compêndios de autores dos Estados Unidos e da Europa.

Nos anos 1970, tornou-se um dos primeiros psiquiatras com foco no atendimento a adolescentes no

Brasil, tendo sido na época reconhecido como um dos ícones da psiquiatria de adolescentes do continente americano, o que o levou à presidência do Fórum Pan-americano para o estudo da Adolescência no final daquela década.

Foi um dos mais jovens psicanalistas brasileiros a receber o título de membro efetivo da International Psychoanalytic Association e o primeiro a ser agraciado com o prêmio Durval Marcondes, criado pela Associação Brasileira de Psicanálise para estimular a pesquisa em psicanálise em nosso país.

Um dos primeiros psicoterapeutas a buscar, no início da década de 1980, no exterior, especialização em terapia de casais e famílias, mais tarde organizou em Florianópolis, onde reside desde a década de 1990, aquele que na época era o único curso de especialização em terapia de famílias dos três estados do sul com reconhecimento pelo Ministério da Educação e Cultura.

Escreveu mais de duas dezenas de livros, a maior parte deles com finalidades didáticas e para preencher lacunas, em nosso meio, com a falta de textos especializados sobre os temas a que se dedicava: adolescência, psicanálise, grupos, casais, famílias e sistemas humanos em geral.

Atento às carências, em nosso meio, de profissionais habilitados para o trabalho nas áreas de saúde, educação e nas instituições em geral, tem se ocupado nos últimos anos com a capacitação desses profissionais através de cursos, *workshops* e laboratórios de relações interpessoais realizados em várias cidades do país.

Recentemente foi procurar aperfeiçoamento na produção de textos romanceados, onde a estória fosse a protagonista e os conhecimentos técnicos e vivências profissionais, coadjuvantes. Sob a tutoria do consultor literário James McSill escreveu o primeiro texto romanceado de desenvolvimento interpessoal produzido por autor brasileiro, texto esse que o leitor poderá usufruir nas páginas seguintes.

Mais informações sobre o autor no site www.osoriogruppos.com.br

Contato: lcosorio@gruppos.com.br

Sumário

CAPÍTULO 1
A consultoria 13

CAPÍTULO 2
Conflitos conjugais 23

CAPÍTULO 3
Deus autor 29

CAPÍTULO 4
O papo com o filho 39

CAPÍTULO 5
De novo a consultoria 49

CAPÍTULO 6
Discutindo a relação 61

CAPÍTULO 7
Reencontro com Deus 67

CAPÍTULO 8
Gerações em confronto 73

CAPÍTULO 9
A luta dos sexos 81

CAPÍTULO 10
Tentando quebrar resistências na consultoria 89

CAPÍTULO 11
O Diabo entra em cena... 103

CAPÍTULO 12
Reunião de família 109

CAPÍTULO 13
O laboratório de relações interpessoais........................... 119

CAPÍTULO 14
Deus e o Diabo se entendem.. 139

CAPÍTULO 15
Voltando ao hospital.. 147

CAPÍTULO 16
Em busca da alquimia íntima.. 153

CAPÍTULO 17
O ninho vazio 159

CAPÍTULO 18
Um ano depois... 165

A CONSULTORIA

Teófilo previa barra pesada na consultoria de logo mais, no Hospital das Clínicas da Comunidade Ecumênica dos Paraísos. Tomou o café da manhã sem conseguir prestar atenção ao noticiário da televisão. Seu pensamento estava distante, reproduzindo o confronto entre Minerva e Márcio – a diretora administrativa do hospital e o diretor médico – procurando enquadrá-lo numa eventual, ainda que obstinada, divergência de opiniões entre colegas.

Nem sempre, contudo, as discussões permaneciam num tom civilizado. Na última reunião, Márcio levantou suspeitas sobre desvios de verbas para o pagamento de fornecedores no setor de compras e Minerva, enraivecida, mandou Márcio cuidar do que lhe dizia respeito, como as constantes falhas da enfermagem na administração de medicamentos aos pacientes pós-cirúrgicos.

Teófilo pegou as chaves do carro e dirigiu-se à garagem. Ia imaginando a cena que daria continuidade ao confronto entre Minerva e Márcio, sob o olhar complacente e assustado dos demais conselheiros, que sempre o pressionavam com cobranças por intervenções mais efetivas, a fim de solucionar o impasse. Pareciam já duvidar de sua competência.

Subia o primeiro lance da escadaria que dava acesso ao andar onde a reunião se processaria, quando sentiu alguém se aproximar por trás e prender-lhe o braço. Era o Dr. Arquimedes, decano e presidente do Conselho Deliberativo do Hospital:

– Dr. Teófilo, por favor, dê-me um minuto de sua atenção.

– Pois não – respondeu Teófilo, apreensivo sobre as intenções do Dr. Arquimedes com aquela abordagem intempestiva.

– O senhor deve estar percebendo que estamos sendo levados a situação extremamente delicada no hospital, em virtude dos desentendimentos entre a diretora administrativa e o diretor médico. Pelas regras estabelecidas, eles têm autonomia para exercer suas funções até o encerramento de suas gestões, daqui a dois anos; e não podem ser destituídos, pois são sócios da empresa mantenedora da instituição. Com isso, ficamos num beco sem saída.

Teófilo tentou seguir adiante, mas o decano apertou seu braço e deteve-lhe o passo. Detestava quando alguém o impedia de prosseguir, fosse em seu caminho ou em seus propósitos.

Dr. Arquimedes, no entanto, continuava sua ladainha:

– Já cogitamos na profissionalização de seus cargos, com o que ficariam limitados à função de conselheiros, mas o confronto entre eles está acirrado e não admitem essa possibilidade. Ambos se mostram intransigentes quanto a suas convicções pessoais, querendo impor seus respectivos pontos de vista, por mais que eu lhes recorde que acima de tudo devem estar os interesses do hospital.

"Onde estaria querendo chegar Dr. Arquimedes com essa arenga sobre o que já é de meu conhecimento?" – interrogava-se Teófilo, enquanto olhava o relógio.

Dr. Arquimedes, ao perceber a impaciência do consultor, foi direto ao ponto, conduzindo-o pelo braço até a sala, onde os demais conselheiros os aguardavam:

– É imperioso não sair da reunião de hoje sem alguma solução para o impasse – insistiu. – Precisamos encaminhar as soluções devidas, sem ferir suscetibilidades. Contamos com sua atuação para promover logo o entendimento entre os dois, a fim de não paralisarmos as atividades do hospital. Acho que precisa ser mais assertivo.

Teófilo engoliu em seco, disfarçando a contrariedade frente a tal atitude impositiva. A sensação de estar sob o controle do Dr. Arquimedes era-lhe intolerável, e pensou: *"Parece minha mãe quando queria que eu pensasse com a cabeça dela. Quem ele acha que é para ensinar o padre a rezar missa?"*

Nada disse, contudo, e entrou na sala tentando afastar o fantasma da impotência, recuperar o ânimo e enfrentar o desafio. E lá estavam Minerva e Márcio a discutir:

– Você precisa entender de uma vez por todas, Minerva. Esse hospital existe em função dos pacientes, aos quais deve atender com a melhor qualidade possível, e não pode ficar aprisionado a sua obsessiva preocupação com a redução de custos. Paciente e não empresa deve ser o foco.

– Márcio, esse hospital já teria fechado suas portas se fosse conduzido apenas por sua visão sonhadora, destituída de senso prático. Você precisa colocar os pés no chão e aceitar as limitações financeiras, para levar a cabo seus projetos mirabolantes, como esse de dotar o hospital de uma nova ala para procedimentos de alta complexidade.

– Não, Minerva, é você quem precisa erguer a cabeça e deixar de olhar só suas planilhas de orçamento. Assim não consegue visualizar os rumos das instituições hospitalares nos dias de hoje pelo mundo afora.

Tão envolvidos estavam na sua contenda que inicialmente nem se aperceberam da presença do consultor. Só o fizeram quando os demais se levantaram para cumprimentá-lo.

Presentes todos os membros do Conselho Deliberativo do Hospital: Márcio, Minerva, Artur, Cléber, Raul, Sônia, Gregório, além do decano – único a quem os demais chamavam respeitosamente "doutor" – iniciaram-se os trabalhos.

Dr. Arquimedes tomou assento à cabeceira da mesa.

– Declaro aberta a sessão de hoje, solicitando encarecidamente a todos que se empenhem em superar esse momento crítico que atravessamos – iniciou ele, com ar solene e em tom formal, apontando em seguida para a outra cabeceira da mesa, onde sentara-se Teófilo. – Esperamos que o consultor contratado possa, afinal, auxiliar-nos a resolver nossas divergências e achar soluções para os conflitos que nos paralisam.

Como que alheios à fala recém pronunciada e na presença de todos, Minerva e Márcio repetiram o padrão das divergências e o tom acalorado da discussão de encontros anteriores. Os outros conselheiros assistiam a tudo passivamente, com olhares súplices para Teófilo, temerosos de que ele não conseguisse impedir um rompimento definitivo entre os desafetos. Sabiam das consequências para a instituição se isso acontecesse.

– Não vejo como vamos prosseguir com os propósitos desta consultoria enquanto você, Márcio, não conseguir entender minhas razões para controlar seus impulsos consumistas no cargo de diretor médico do Hospital – disse Minerva, com um tom de voz que revelava seu viés autoritário.

– Ora, Minerva, o consultor já deve ter se dado conta de que você é mesquinha por natureza.

– Eu?

– Essa característica de sua personalidade, perdoe-me a franqueza, compromete o exercício de suas funções administrativas.

– Se você pensa que vou tolerar você me chamar de sovina diante de todos, está muito enganado.

– Não é esse o caso...

– Exijo uma retratação. Você é um mal-educado, Márcio!

– Eu gostaria de ouvir o que os outros pensam a respeito do que está ocorrendo – disse Teófilo, elevando o tom de voz para sobrepor-se aos de Márcio e Minerva.

Sônia, Cléber e Artur cochichavam entre si; Raul olhava para os lados e Gregório para o teto.

Teófilo sabia não ter nenhuma solução mágica a oferecer e estava à mercê de uma mudança de atitude dos litigantes para prosseguir com algum sucesso. Decidiu que sua estratégia, por enquanto, se restringiria a induzir o restante do grupo a participar do processo.

– Alguém teria alguma sugestão em como sair do impasse? – indagou Teófilo.

– Estamos aqui reunidos justamente para que o senhor nos diga como resolver esses conflitos – atalhou o Dr. Arquimedes, revelando sua insatisfação.

– Tenho isso bem presente, Dr. Arquimedes – retrucou Teófilo, procurando evitar o confronto –, mas preciso saber o que está na cabeça de todos, porque meu papel não é pensar por vocês e oferecer-lhes soluções prontas, sem respeitar os desejos e vontades dos membros do Conselho. Minha tarefa é ajudá-los a lidar com as divergências e, se possível, conseguir o consenso.

Teófilo percebeu que, neste momento, o foco do enfrentamento deslocara-se de Márcio e Minerva para ele e o Dr. Arquimedes. Isso havia ajudado a reduzir a tensão reinante, mas lhe despertou uma sensação de aprisionamento da qual tratou logo de se desvencilhar.

– Então – voltou a insistir Teófilo –, poderiam me dizer quais são suas opiniões sobre as questões trazidas por Márcio e Minerva?

– Acho que não é por aí – disse, visivelmente irritado, o Dr. Arquimedes. – Já todos expressamos nossos pontos de vista em outras ocasiões.

– Pois eu gostaria de ouvi-los, se não se importam de repetir, já que não estava presente – persistiu Teófilo, espalmando as mãos sobre a mesa e percorrendo com o olhar os membros do grupo.

A indagação de Teófilo apenas desencadeou uma rodada de vagas e imprecisas colocações.

"Ninguém quer comprometer-se dizendo algo que possa ser interpretado como adesão a um dos contendores", pensou Teófilo. *"Parecem os filhos de um casal em conflito, não querendo tomar o partido do pai ou da mãe porque temem o rechaço e a retaliação por parte de quem não apoiem".*

– Desse jeito não vamos sair do lugar – comentou Dr. Arquimedes, olhando desafiadoramente para Teófilo.

Teófilo resolveu confrontar o decano para não perder as rédeas do processo. *"Perdido, perdido e meio!"*, pensou lá com seus botões. *"O que não posso é deixar que ele assuma o comando e tente me desmoralizar diante de seus pares"*. A seguir, empertigando-se na cadeira, como a marcar sua posição de autoridade na condição de condutor da reunião, dirigiu-se a Márcio e Minerva, ignorando o comentário do Dr. Arquimedes:

– Quem sabe é possível acharmos uma solução intermediária, em que cada um de vocês ceda algo em troca de uma concessão equivalente feita por ambos. O que pensam disso?

A sugestão caiu no vazio. Teófilo dava tratos à bola para encontrar uma nova abordagem quando, então, Artur ousou intervir:

– Estava pensando que Márcio e Minerva talvez não consigam um entendimento em virtude das características de suas personalidades. Algo semelhante à incompatibilidade de gênios que resultou na separação de um casal de amigos meus. Todos diziam que eram ótimas pessoas, mas que seus gênios não combinavam.

– Alto lá! – atalhou Minerva – Não é nada disso! É simplesmente uma questão de lógica administrativa, que Márcio se nega a admitir.

– Ou o choque entre a visão da executiva e a do cientista – contrapôs Márcio.

– Quem sabe não é uma coisa nem outra – contemporizou Teófilo. – Talvez apresentem pontos de vista divergentes apoiados em suas respectivas áreas de competência, mas é possível que também os perfis psicológicos de ambos se antagonizem.

– Essas suas considerações, contudo, não nos tiram do impasse – observou Raul, erguendo os ombros e esfregando o dedo entre o colarinho e o pescoço, como num tique nervoso, evidenciando sua impaciência.

– Osso duro de roer este grupo, não é Dr. Teófilo? – comentou Cléber, em tom de gracejo, querendo aliviar a tensão instalada.

Era evidente que a situação de Teófilo estava por um fio, e não poderia adiar por mais tempo uma iniciativa no sentido de mudar a direção dos acontecimentos. Se não providenciasse logo uma saída para o impasse, corria o risco de ver cancelado o contrato e ter seu prestígio profissional abalado, além dos prejuízos financeiros decorrentes da provável queda na procura por seus serviços como consultor de relações interpessoais nas organizações. Mas sua intuição lhe dizia não ser o momento de improvisar ou introduzir manobras radicais na condução do trabalho. Recorreu, então, a um expediente visando manter os participantes vinculados ao processo da consultoria até a reunião seguinte.

– Queria propor-lhes um exercício, uma espécie de dever de casa: cada um de vocês irá listar o que entende serem as prioridades do momento para o Hospital e quais as propostas que teriam para redirecionar os objetivos da instituição num futuro próximo. Imprimam essas ideias e, sem assiná-las, me entreguem para que eu possa lê-las em voz alta, sem identificar seus autores, em nosso próximo encontro. Assim, com o sigilo assegurado, talvez se animem a expressar seus pontos de vista, sem os quais não temos como avançar em nossa tarefa.

Dr. Arquimedes levantou-se e deu por encerrada a reunião, não sem antes provocar Teófilo com um comentário cético:

– Não creio que isso vá resultar em algo que nos tire do impasse em que estamos.

O semblante da maioria dos conselheiros evidenciava sua decepção com o desfecho do encontro. Teófilo, cabisbaixo, não escondia sua frustração por não ter conseguido êxito em mobilizar os participantes do grupo a participarem da tarefa como fora proposta. Dr. Arquimedes, no entanto, saiu da sala pisando firme, com ar triunfante. Estava certo de haver levado à lona quem, neste momento, tomava por seu adversário e não parceiro.

CONFLITOS CONJUGAIS

Naquela mesma tarde Teófilo encontrou-se com o contador. Pretendia ultimar sua declaração de imposto sobre a renda. Por mais que fizessem malabarismos a fim de aproveitar os abatimentos permitidos, a cada ano a mordida do leão se mostrava maior. Saiu do escritório do contador com os ombros curvados, deprimido.

– Que dia! Daqueles onde nada dá certo! – exclamou, enquanto abria a caixa de correspondência ao chegar à casa.

Teria motivos para se aborrecer ainda mais. Na caixa do correio encontrou carta da comissão julgadora do concurso de contos em que se inscrevera. Agradeciam sua participação e o convidavam a inscrever-se no próximo concurso.

– Sequer uma menção honrosa! Minha carreira como escritor não decola. Melhor desistir de vez – resmungou, amassando a carta e a enfiando no bolso do paletó.

Nesse estado de ânimo entrou em casa, fechou a porta da rua com estrondo e lançou aos ares, para quem estivesse a ouvi-lo, suas imprecações contra o governo, que roubava o pouco que ganhava em trabalho tão árduo e pouco gratificante como aquele a que se dedicava.

– Vá se queixar noutra freguesia! – berrou sua mulher, levantando-se de um salto do sofá onde estava. – Não me venha com lamúrias. Não aguento mais essa cantilena cada vez que você chega em casa, Teófilo. Parece sua mãe, sempre de mal com a vida.

Teófilo sabia que quando ela o chamava pelo nome próprio e não pelo apelido, Teo, era porque estava no auge da zanga e não retrucou. Engrenar um bate-boca com Heloísa só ia lhe azedar mais o dia.

– Você é incoerente, Teófilo – continuou Heloísa. – Quer transmitir a seu filho adolescente a ideia de que o trabalho deve ser prazeroso e não obrigação e, na prática, só sabe se queixar dele. É assim que quer ajudá-lo a escolher uma profissão?

– E você é mesmo insensível, Heloísa – retrucou Teófilo, que também a chamava pelo nome próprio e não pelo apelido, Isa, quando queria demonstrar sua irritação com ela. – Em lugar de me apoiar nos momentos de desânimo, ainda me sobrecarrega com suas críticas.

– Você não me enxerga como pessoa, Teófilo. Como alguém com direito à vida própria e que não gira em torno de seus problemas. Quer me ver participando de seus sonhos, mas não me estimula a buscar a realização dos meus. Desisti de fazer o doutorado sanduíche no exterior a fim de acompanhá-lo na mudança para esta cidade, onde você achava que teria mais oportunidades como consultor de empresas. Veja só no que deu: ambos insatisfeitos e frustrados com suas respectivas carreiras.

Neste momento, Teófilo deu-se conta de que ele e Heloísa estavam repetindo o padrão das discussões entre Márcio e Minerva. Que coisa! Era uma compulsão! Sabia que não levava a nada, mas não conseguia evitar de reincidir no velho hábito de continuar argumentando até a exaustão.

– Eu a fiz desistir de seu doutorado para me acompanhar? Não vou engolir esta! Quantas vezes você disse não valer a pena o sacrifício para acrescentar alguns reais a mais no que lhe paga a universidade? Também me dizia que, sem sua presença em casa, Joca corria o risco de não ter uma âncora para impedi-lo de ficar à deriva no mundo das drogas e baladas adolescentes.

– A propósito, Teófilo, encontrei ontem um pacotinho com maconha embaixo do travesseiro dele. Logo veio com a desculpa esfarrapada de sempre: estava guardando para um amigo. Tivemos, então, um longo papo a respeito do que leva os jovens de hoje a se drogarem tanto. Há quanto tempo você não conversa com seu filho? Sabe o que ele me disse? Que nossas discussões estão lhe torrando o saco e fazendo com que não sinta o menor prazer em sentar conosco para jantar. Ainda comentou: "A vida de casado deve ser uma merda, não é mãe?! Por isso, a galera só quer ficar com as garotas. Nada de compromissos sérios, tipo casar, ter filhos, essas coisas... Bom mesmo é se divertir, transar e depois ir cada um para sua casa".

– Vendo a maneira como você me trata, não é de admirar ele não querer uma mulher a seu lado pela vida afora...

– Deu, Teófilo, chega! Já estou saturada com esses duelos verbais. Melhor a gente separar. Imagina quando ficarmos só os dois nesta casa, você ranzinza e eu frustrada, sem projetos de vida para o futuro.

– Você não está sempre dizendo que a gente precisa discutir a relação?

– Isso de discutir a relação já era... É coisa para psicólogo... Cansei!

Com um suspiro arrancado das profundezas da alma, Heloísa, que já estava de saída para a academia de ginástica quando Teófilo chegou, apanhou sua mochila e apertou o passo em direção à porta da casa.

Teófilo subiu para seu gabinete e, num gesto automático, ligou o computador, com a intenção de fazer a leitura diária dos e-mails recebidos. Mas o olhar desviou-se da tela para flutuar pela sala, soltando as amarras do pensamento: *Isa tem razão, sou mesmo incoerente. Quero encontrar saídas para o confronto entre Minerva e Márcio, mas eu mesmo não encontro maneira de consegui-las nas divergências com minha mulher. Proponho mudanças no paradigma relacional dentro das equipes de trabalho, mas não consigo mudar meu comportamento na relação conjugal. Estou farto de saber que só podemos ensinar aos outros o que já aprendemos a fazer e, no entanto, parece que não consigo aprender com minha própria experiência".*

A tarde declinava e Teófilo desligou o computador antes mesmo de verificar sua correspondência eletrônica. Decidiu espairecer e foi caminhar na praia em frente ao condomínio onde morava. O crepúsculo se prenunciava glorioso. O sol a tangenciar a montanha ao longe, esmerilhava as ondas com suas chispas douradas. Sentado ali naquele rochedo em forma de travesseiro, que batizara "sua pedra filosofal", sem viva alma a sua volta, Teófilo aplacou de vez sua tensão nervosa e pôs-se a devanear.

Dirigindo-se a um interlocutor imaginário, exclamou em voz alta:

– Em instantes assim, com a natureza em todo o seu esplendor, até se compreende por que há quem acredite em Deus!

O lusco-fusco do entardecer, o marulhar das ondas nas reentrâncias das pedras, o sossego da praia deserta, o relaxamento proporcionado ao deixar o pensamento navegar solto sem ancorá-lo às preocupações do dia, tudo, enfim, contribuía para conduzir Teófilo a um estado de torpor e sonolência.

Foi quando uma voz, ou antes, algo como uma presença incorpórea se comunicou com Teófilo.

DEUS AUTOR

– Como pode um personagem negar a existência de seu Autor?

Teófilo escutou a pergunta como se ela emanasse de suas entranhas, mas ao mesmo tempo o envolvesse nos sons que provinham da praia, a confundir-se com o ruído do vento ou do mar.

Teófilo quis abrir os olhos, mas as pálpebras pareciam costuradas.

– Quem está aí? – indagou.

– Aquele que negas – respondeu a presença – e que vem te convidar para uma conversa amiga, uma troca de ideias, onde eu possa escutar tuas objeções a minhas ações e esclarecer dúvidas que te assaltam o espírito.

Algo de muito estranho se passara para que Teófilo não titubeasse em reconhecer de Quem se tratava.

"*Eu que levei todos esses anos arregimentando argumentos para sustentar a tese de que havíamos criado Deus a nossa imagem e semelhança e não o contrário! Ora, vejam só! Agora aí está Ele, presença incorpórea, porém irrefutável, dizendo-Se um Autor, a me identificar como Seu personagem e me tuteando com a maior das intimidades!*", foi o que se passou na cabeça de Teófilo, menos surpreendido com aquela aparição sobrenatural do que com sua aceitação instantânea da existência de um Ser Supremo.

No instante seguinte Deus falou, com o vozeirão que seria de esperar:

– Para início de conversa, estou te concedendo o privilégio de ser informado que todos os seres humanos não passam de personagens de um grande épico, que venho escrevendo ao longo dos tempos.

– Deus um autor e nós Seus personagens? Mas, alguém já não usou isso como metáfora?

– Se usou, não te esqueças que essa criatura é um dos meus personagens, e eu devo tê-la inspirado a fazer tal revelação. Não se trata de mera figura de linguagem, mas de fatos aos quais dei substância.

– Bem, mas o que você quer de mim, ou melhor, o que quereis de mim, Senhor Deus? – indagou Teófilo, com um acento irônico na voz.

– O respeito é bom e eu gosto! O mínimo que posso esperar de minhas criaturas é uma atitude sempre reverente para com seu Criador – acentuou Deus, impositivo. – Mas para os objetivos desse nosso encontro, deixemos as formalidades de lado. Podes me tratar por Você.

— E Você pode me chamar de Teo — retrucou Teófilo, pondo-se à vontade com o tom informal que Deus conferia àquele inusitado encontro. — Veja bem, já que me dá a oportunidade de tão inesperado diálogo, quero dizer-Lhe que tenho cá minhas restrições a Seu comportamento ao longo das eras. Aliás, foram essas restrições que me conduziram ao ateísmo, se me faço entender.

— Vejamos, Teo, quais as restrições a que te referes?

— Bem, que Deus é esse, de infinita bondade como querem nos fazer crer, cujas criaturas padecem tanto? Por que uns nascem feios ou aleijados, numa sarjeta ou rejeitados por quem os pariu, enquanto outros vêm ao mundo bonitos, saudáveis e fadados a usufruir de todas as benesses do corpo e do espírito?

— Ora, ora meu caro, lá vens tu com essas questões tão óbvias. O que seria do texto do Supremo Autor sem a diversidade de seus personagens? A riqueza da trama está justamente na complexidade dos caracteres e como eles se movimentam no cenário onde os coloco. Além do que, essa história de infinita bondade não é de minha lavra.

— Como assim?

— Também és escritor, logo... Como sei que és escritor? Ora, meu caro, para que serve meu dom onisciente? Mas dizia eu que, sendo um escritor, sabes como os personagens tomam conta de uma estória e que, quando menos o autor espera, conduzem sua narrativa por insuspeitos caminhos;

apropriam-se do enredo que estava ele a criar e acabam por fazê-lo cúmplice de ações que não planejara para seus personagens.

– É verdade... É bem assim... Mas onde fica outro de Seus atributos, a onipotência? Por que não consegue conduzi-los por onde bem entende?

– Ah, meu caro! Também cometo meus equívocos. Quero te confessar o maior de meus erros: dei a minhas criaturas – em caráter irrevogável! – o livre-arbítrio. E elas saíram por aí a cometer toda a sorte de iniquidades, me responsabilizando por isso. Em verdade a mim não, ao Diabo, a quem os humanos recorrem para justificar o mal cometido. Quem erra é o Diabo, Deus sempre acerta. Aliás, é da condição humana sempre atribuir aos outros os malfeitos que perpetram ou o que lhes desagrada em alguém.

– Sim, mas e o livre-arbítrio?

– O livre-arbítrio, Teo, é o responsável pela perda de meu controle sobre minhas criaturas. Ao dotar meus personagens com esse atributo foi um "Deus nos acuda", com perdão pela autorreferência. Todo escritor – e sei que concordarás! – sabe que seus personagens lhe escapam ao controle. Pois meus personagens não fugiram à regra. Aliás, eles passaram a ditar as regras com o livre-arbítrio que lhes conferi.

– Bem, mas isso não O destitui do Poder que possui. Por que não o emprega para limitar o livre-arbítrio dos seres que criou?

– Assim como a vitalidade dos humanos vai se extinguindo com a idade acompanhada do gradativo declínio da visão, da audição, da memória, da força muscular e outras condições físicas, também sinto que vou perdendo minha onipotência, minha onisciência, minha onipresença. Deve ser a tal da velhice do Padre Eterno de que falava o poeta.

– Um Deus decadente, envelhecendo, é difícil de imaginar...

– Hoje qualquer Super-Herói detém poderes como os que me atribuíram. Talvez por isso meu prestígio esteja em queda, principalmente entre as crianças e os adolescentes. Desde que inventaram os Super-Heróis e a eles conferiram os poderes que antes eram exclusividade minha, os pequenos se divertem com a luta entre o Bem e o Mal nas histórias em quadrinhos e filmes nelas inspirados. Já não lhes atrai a monótona descrição feita pelos beatos da eterna luta entre Deus e o Diabo, onde eu sempre triunfo, é claro, como o mocinho que sempre leva a melhor sobre o vilão.

– Mas afinal, Deus, quem criou o Bem e o Mal? Quem criou Deus?

– O Acaso, meu caro. Recomendo-te que leias a obra de Stephen Hawking, aquela infeliz criatura presa a uma cadeira de rodas e com uma mente deveras privilegiada. O fato de ter uma séria doença degenerativa e mal poder se comunicar não o impede de iluminar o conhecimento humano com as fagulhas de seu gênio. Mas, por favor, não me incrimine por seu sofrimento. Nada tenho a ver com o que acontece com esse genial cientista, encarcerado num corpo de mobilidade tão precária, mas cujo espírito alçou voos nunca antes experimentados na especulação de como nasceu o universo e tudo o que lhe corresponde. O Acaso, como ele intuiu, é o verdadeiro Criador de todas as coisas, que depois se reproduziram segundo as leis da autodeterminação. Elementar, meu caro Teo.

Teo não pôde deixar de rir-se por dentro ao imaginar que Deus, como todos os autores, era também um leitor voraz e que decerto apreciava, em particular, as estórias de detetive. Será que Teo estaria reservado por Deus a um papel similar ao do parceiro de Sherlock Holmes, a quem este recorria apenas para confirmar suas teses, sempre com o bordão: "Elementar, meu caro Watson"?

Enquanto Teo perdia-se nessas conjecturas, Deus continuava sua peroração:

– Sou um precipitado das possibilidades e limitações humanas. Como disse há pouco, a humanidade me atribui o que lhe pertence. Só que as criaturas não suportam me ver como falível e imperfeito para lhes servir de modelo; então, o que não toleram reconhecer em mim ou, melhor dizendo, em si mesmas, depositam no pobre Diabo. O Diabo surgiu para ser continente dos vícios e maldades humanas. Você irá constatar isso quando ele vier se intrometer em nossas conversas, o que é inevitável, mais cedo ou mais tarde.

– Bem, então eu tinha razão ao supor que Deus foi criado à imagem e semelhança dos mortais?

– Digamos que o Autor e seus personagens são feitos de uma mesma essência. Sou obra do Acaso, tanto para atender ao desejo dos humanos quanto para me tornar criador de personagens que me reinventam na roda do Tempo, conforme dita seu livre-arbítrio.

– E o Diabo, como fica nessa?

– Foi da mesma forma criado pela necessidade humana de não me atribuir defeitos que pudessem conspurcar a imagem idealizada que os humanos desejam ter de mim. Lembra-te que é uma aspiração da maioria dos humanos se fundir – ou confundir – com o Deus que cada qual pretende ser.

– E, como ele, se tornarem imortais e não estarem sujeitos à finitude que os limita pela ação do Tempo. É isso?

– Engano teu, Teo. Os deuses – todos eles, me incluindo também – morrem quando não se tornam mais necessários para explicar o inexplicável ou dar sentido à pretensão das criaturas em superar-se. Mais cedo ou mais tarde, os homens se apercebem que podem entender ou fazer por conta própria o que antes delegavam às divindades. Os deuses, a quem os antigos prestavam tributo para que lhes favorecessem as colheitas ou os poupassem das catástrofes naturais, pereceram à medida que os humanos se capacitaram para assumir tais encargos. O Acaso faz a leitura das necessidades humanas e providencia o que as satisfaça, inclusive a crença em seres superiores que detém um poder que ainda não está ao seu alcance. Houve um momento em que a Humanidade prescindiu de vários deuses para dar um sentido a suas indagações. Estava preparada para me receber como o Deus único que enfeixaria a resposta a todas as questões. Cada povo me batizou como lhe aprouve: Deus, Jeová, Alá ou o que mais for; e cada qual se achou no direito de tornar-me exclusivo de sua grei e o único verdadeiro. Em meu nome passaram a se trucidar uns aos outros em intermináveis guerras religiosas, tal qual os antigos imolavam crianças e virgens na pedra do sacrifício para agradar a seus deuses.

— Bem, mas quando, então, Você se tornará dispensável para a Humanidade?

— Talvez nunca, Teo, porque sempre existirá a busca de um consolo para o sofrimento humano e a esperança de uma vida melhor após o término desta. A finitude é a grande inconformidade dos homens, que recorrem a mim para lhes infundir a ilusão de que podem ser imortais.

Além de Escritor como nenhum outro, Deus mostrava-se também grande *causeur*. Teo estava tão entretido com suas estórias primordiais que seu espanto original já se dissipara. Distraíra-se da indagação que agora retornava insistente:

— Afinal, Deus, qual é o papel que me corresponde em seu texto? — perguntou Teo, satisfeito com a oportunidade que Deus lhe concedera de conhecê-Lo melhor antes de confiar-se a sua missão.

— Não fui eu que te escolhi para ser o protagonista dessa estória. Como já disse, foi o Acaso. Eu apenas cansei desse protagonismo onipresente que exerço desde o início dos tempos e queria experimentar ser personagem de uma estória contada por outro. Alguém que fosse um escritor como tantos, melhores ou piores, geniais ou medíocres, que fui gerando nas páginas da História de Humanidade, o épico que venho escrevendo desde sempre. O Acaso te indicou e como tal a escolha é aleatória. Não me responsabilizo pela maior ou menor competência que tenhas na missão que te couber.

– Isto de "designar missão a Suas criaturas" não está em conformidade com um Deus contemporâneo como Você se apresenta, não é mesmo?

– O uso do cachimbo faz a boca torta, como diz um provérbio popular entre os humanos. Mas minha intenção é justamente fugir deste mau hábito de sair por aí cobrando fidelidades e conferindo missões a serem cumpridas para testemunhar respeito e obediência ao Senhor. O comportamento de minhas criaturas em relação a mim é como o dos filhos com seus respectivos pais: quanto maiores as expectativas paternas, menos fiéis e obedientes eles são.

– Falando em filho – voltou a provocar Teo –, por que abandonou a seu próprio infortúnio Seu filho dileto, o personagem que mais se aproximou da perfeição moral que é o corolário de Sua obra? Já estou prevendo que Você vai argumentar novamente que são artes do livre-arbítrio e que não tem nada a ver com o sofrimento de Jesus na cruz...

– A substância do livre-arbítrio é a mesma nos Deuses e em suas criaturas. Posso valer-me dele para criar meus personagens no uso das atribuições de Autor, mas, como bem o sabes, depois de criados eles fazem o que bem entendem. Fogem ao nosso controle e, por isso, não pude evitar o suplício de

Jesus nas mãos daqueles a quem dotei do livre-arbítrio, que usaram para torturá-lo, de acordo com suas vontades. Por outro lado, meu livre-arbítrio me permitiu extrair desse acontecimento a força simbólica de Jesus como mentor da ética do amor ao próximo, não obstante a humilhação a que o submeteram. Circunstância, aliás, responsável por minha sobrevivência nesses últimos dois milênios, embora com o prestígio decadente.

– O livre-arbítrio, então... – ia dizendo Teo.

– Está na hora de minha sesta. Vamos deixar para continuar nossa conversa noutro dia – interrompeu Deus, com um bocejo e a espreguiçar-Se.

– Mas Você ainda nem me disse qual a missão que ia me confiar – protestou Teo.

O vaivém da maré se fez ouvir mais forte.

– Deus? Deus?

O vento voltou a soprar, confundindo-se com o ronronar divino.

O PAPO COM O FILHO

– Joca! Joca!

Joca abriu a porta com um suéter esfarrapado na mão e esfregava os olhos, como quem havia recém despertado.

– O que você quer?

– Estou querendo conversar com você, filho.

– Agora?! Me dá um tempo... Estava ainda dormindo...

– Você não devia estar na aula do pré-vestibular? – perguntou Teo, evitando olhar para dentro do quarto do filho e, assim, resistir ao impulso de fazer comentários sobre a bagunça que deveria estar lá dentro.

– Hoje é só aula de português. Técnica para aprender a redigir texto. Redação se aprende lendo. Não é isso que você sempre disse, pai? E olha, sou um dos caras que mais leem na turma. Não há saco que aguente o Cardosão dando aula à noite.

– Cardosão?

– É, é. O professor de português do cursinho, pai. Um cara mala pra caramba... Bem, já que você me acordou, vamos lá pra cozinha que quero fazer um lanche. Estou com uma fome danada.

– A tal de larica, né?

– Olha só o velho, falando que nem a galera! Larica que nada... O caso é o seguinte: cheguei da academia e me joguei na cama podre de cansado. Nem jantei. Cadê a mãe?

– Deve ter ido à casa da sua tia ver a novela e fofocar. Vamos para a cozinha que eu estive caminhando na praia e também não jantei.

– Fazemos uma boquinha juntos, então – disse Joca, vestindo o suéter.

Na cozinha, sentados à mesa, enquanto mastigavam dois sanduíches que encontraram na geladeira, iam tecendo a trama de uma conversação nem sempre fluente entre os dois. Teo olhou para o filho. Tinha saudades de quando Joca era menino e, dócil, assentia com a cabeça aos ensinamentos que Teo procurava lhe transmitir. Depois se instalou o período tumultuado em que Joca refutava tudo que o pai dizia. Agora mantinham uma convivência relativamente pacífica de parte a parte, construída ao longo dessa intimidade que hoje pais e filhos experimentam, mas seus diálogos eram por vezes truncados pelos questionamentos sarcásticos de Joca e os comentários sentenciosos de Teo.

– Dormir e comer fora de hora... É preciso ter uma vida regrada para o estudo render mais. Senão, mesmo para um cara inteligente como você, é difícil passar no vestibular – advertiu Teo.

Naquele momento, Joca lembrou os confrontos que habitualmente surgiam entre eles em suas tentativas de conversar.

– Lá vem o dono da verdade com seus palpites – alfinetou. Sabia que isso mexia com os brios antidogmáticos do pai.

– E aí está o mocinho que antes mesmo de experimentar a vida acha que sabe dela mais do que quem a viveu – contrapôs Teo.

Joca levantou-se da mesa e foi à geladeira buscar algo mais para comer, disfarçando a irritação com o comentário do pai.

– Meu filho, sua mãe e eu estamos preocupados com você fazendo uso de drogas – comentou Teo, sem saber bem como introduzir o assunto de forma que Joca aceitasse discuti-lo.

Joca retornou à mesa mordiscando outro sanduíche.

– Drogas não, pai. Maconha...

– Sei que para você drogas são as outras, as tais "pesadas". Seja lá como for, a maconha também tem efeitos nocivos, torna lento o pensamento e dificulta a apreensão de conhecimentos. Isso pode ser catastrófico neste momento em que você está se preparando para um vestibular difícil, com tantos candidatos a superar, como é o de ciências da computação, não é mesmo?

– Lá vem ele de novo... Você sempre foi um caretão, pai... Nunca fumou maconha... Como pode saber quais são os efeitos? Sabe, um baseado também acalma os nervos, e aí o cara fica menos tenso para estudar.

Teo não queria que se repetissem os impasses em que acabavam desembocando suas tentativas de levar um papo com o filho. De repente, como um relâmpago, cruzou-lhe o pensamento sua atitude questionadora no diálogo com Deus, que parecia ter resposta para todas as suas objeções, tal qual Joca com ele.

– Meu filho, não desejo meter na sua cabeça o que está na minha – disse Teo, lembrando-se do que sua mãe fazia com ele. – Deixemos de lado as prováveis consequências do uso da maconha. Quero te escutar. Saber por que você puxa fumo e não consegue parar, mesmo dizendo não ser viciado. Como você lembrou há pouco, nunca fumei um baseado. Mesmo porque na minha geração isso não era tão comum como agora.

– É, mas vocês bebiam pra caramba. Álcool não faz tanto mal quanto maconha? E os comprimidos para dormir que a mãe toma não causam prejuízos? E o cigarro que matou de câncer de pulmão o vô Aurélio, não conta?

– Tudo bem, Joca. Não quero discutir com você nem ficar comparando malefícios das drogas, ou batendo na tecla de que a maconha é uma droga ilícita, ao contrário do cigarro ou do álcool, como já fiz tantas vezes...

– Até porque são argumentos furados, não é pai? Também hoje é contra a lei fumar em ambientes fechados ou dirigir sob o efeito do álcool.

– Certo, Joca. Por isso disse que não quero repetir velhos chavões que empreguei em ocasiões anteriores, em que tratamos desse assunto. E quero lhe dizer que sou grato pelo fato de você não precisar mentir para mim, como faz com sua mãe, dizendo serem os baseados em seu quarto de colegas ou amigos e não seus. Em nome dessa confiança é que gostaria de tentar outra forma de podermos conversar a respeito disso.

– Bem, você me perguntou por que puxo fumo... Ora, antes de tudo porque dá prazer. É difícil abrir mão do prazer numa vida que nos traz tantas frustrações, como você sempre repete. A gente começa a usar por curiosidade, para não ser diferente dos outros, para ser aceito pela galera e até porque as garotas também puxam fumo e fica meio esquisito a gente dando uma de bundão diante delas, de *nerd* engomadinho que só pensa naquilo.

– Naquilo? Você quer dizer, em sexo?

– Não pai, em sexo quem está sempre pensando são vocês, os coroas.

– Bem, em que então os nerds engomadinhos pensam?

– Os nerds pensam é no dinheiro que vão ganhar quando sucederem o velho na empresa, é nisso que os nerds pensam todo o tempo. Olha, no fundo, no fundo, puxo fumo porque é bom viajar na fumaça e se desligar dessa merda de competição por uma vaga na facu...

– Mas se você não se concentra não passa no vestibular. Sabe disso, não?

– Para ser sincero, pai, não tenho pressa em entrar na universidade. Tenho dúvidas do que quero para mim. Não sei se fiz a escolha certa. Casar com uma profissão é como com uma mulher, a gente espera que seja para toda a vida.

– É assim para vocês, jovens de hoje? Imaginei que casar e depois separar-se era um problema para minha geração, não para a de vocês. E não tem tantos caras começando um curso universitário e depois trocando de curso até achar a profissão em que se encaixe?

– Não é bem assim, pai. A gente se preocupa com os gastos que damos para vocês. Parecem estar sempre esperando que o filho fique independente – não é isso que dizem? – e passe a ganhar a porra do seu dinheiro, vá morar sozinho ou com a mina que escolheu, pare de contar com a mesada e de ficar que nem vampiro sugando, sugando na teta do coroa... Você já não estaria se aposentando, se não fosse porque ainda tem que me sustentar e garantir meu brilhante futuro na carreira que escolhi?

– Engano seu, Joca. Parar de trabalhar é entrar na fila por um lugar na terra dos pés juntos...

– Mas você não dizia que, quando se aposentasse, ia fazer todas as viagens com as quais sonhou e não fez por falta de tempo ou dinheiro?

– É. Já disse alguém que quando se é jovem se tem saúde, mas não tem tempo, nem dinheiro. Depois, quando chega o sucesso profissional, se tem dinheiro e ainda saúde, mas não se tem tempo. E, quando finalmente na aposentadoria se tem tempo e dinheiro, não se tem mais saúde... Bem, mas quero que saiba, não me sinto sobrecarregado em sustentá-lo enquanto não obtém sua independência financeira. Ajudar os filhos quando precisam dá sentido para a vida dos pais.

– E o que mais dá sentido à sua vida, pai? Você sente que se realizou profissionalmente? A mãe sempre diz que você é um enrustido, que não sabe fazer seu marketing pessoal, que podia ser mais bem sucedido se procurasse um assessor de imprensa para colocá-lo na mídia; que um consultor tem que estar na vitrine para ser notado e você se esconde, não gosta de aparecer, de dar entrevistas na televisão, fazer palestras motivacionais.

– É, ela diz que tenho que pôr meu bloco na avenida, fazer barulho para ser notado, que não sei transformar meu conhecimento em ganhos – admite Teo, pondo-se um tanto tristonho. – São minhas limitações, meus defeitos, se você quiser chamar assim.

– Não, pai, não acho que ser tímido é um defeito. É timidez isso que sente, não?

– Não, filho. Antes fosse apenas timidez, que é algo que se supera. Nunca quis me parecer com meu pai, um cara presunçoso, narcisista, arrogante, um cabotino, como se dizia antigamente.

– Um cara que "se acha"...

– É isso aí, um cara que *se* acha, como dizem vocês, se acha mais do que é, gosta de aparecer, ser adulado, essas coisas todas que para mim são ridículas. E por não querer parecer ridículo me encolho, me autoboicoto, entende?

– E se frustra por não ser tão reconhecido como acha que merecia...

– É isso aí!

Joca finalmente saciara seu apetite e ambos foram para a sala. Sentaram-se em duas poltronas à frente do sofá, para o qual Teo olhou de soslaio, imaginando-se ali a discutir com Heloísa, e essa a acusá-lo de não saber conversar com Joca, a não ser sobre como iam seus estudos e preparo para o vestibular.

– Fiquei encucado com uma coisa que você disse há pouco, Joca: que não sabe se escolheu a profissão certa. Você sempre me pareceu tão decidido quanto ao que queria fazer.

– Pois é, mas acho que de tanto vocês, pais, professores e até meus colegas bombardearem minha cabeça com a ideia de que é preciso encontrar uma profissão, uma que nos sustente e não que a gente sustente ela, desisti da banda e de ser músico, que é o que eu gostava pacas...

– Sempre pensei que a banda era apenas uma curtição, como vocês dizem, não uma ocupação capaz de se tornar uma profissão. Parecia tão entusiasmado com as ciências da computação...

– Bem, das profissões que sustentam a gente, informática é a que mais me atrai. Afinal, cresci brincando no computador. Lembro quando você dizia que nós já nascemos alfabetizados na linguagem do computador, enquanto a geração de vocês teve que aprender a usar os recursos dele como quem aprende uma língua estrangeira. Mas daí a ser uma obrigação para ganhar a vida, um trabalho para sempre...

– Mas afinal, o que você gostaria de fazer, então? O que lhe daria o prazer que talvez esteja buscando na maconha?

– Às vezes parece mesmo que vocês não têm noção do que se passa em nossa cabeça... não percebem quando estamos grilados ou na fossa... Nem *se* ligam no que nos dá a maior fissura...

– Como assim?

– Pô, coroa. Vai dizer que você nunca percebeu o tesão que eu tinha tocando aquela bateria que me deu quando fiz quinze anos? Mas qual é o *cara* que vai ganhar a vida tocando bateria numa banda, não é isso que vocês sempre dizem? E lá está ela, enferrujando na garagem, desde que botaram na minha cabeça que eu já estava grandinho pra criar problemas com a vizinhança com os ensaios noite adentro.

– Achei que você tinha enchido o saco de tanto chacoalhar aquela tralha. Afinal, do skate pro kart, desse pro surfe, da terra e da água pro céu com o parapente, como é que ia saber se a banda não era mais uma das manias que vêm e vão na sua idade?

– Pois é, mas não era. Só que eu tinha que ser um cara maduro, que se dá conta de que diversão não é ganha-pão...

– Quer dizer que se você voltasse a tocar bateria deixava a maconha? Um prazer pelo outro?

– Esquece! Nada a ver!... – disse Joca, enquanto levantava-se da poltrona, com um meneio de cabeça, sentindo-se incompreendido – Vou ver se ainda pego o fim da aula do Cardosão. Afinal, ele sempre tem algumas dicas para cometer menos erros gramaticais usando recursos... Como é mesmo? Ah! Recursos mnemônicos, os tais truques para memorizar... Tchau, velho. Seja lá como for, achei esse dos melhores papos que tivemos ultimamente, você concorda?

E lá se foi Joca porta afora, deixando Teo a se indagar: *"Será que vou conseguir me relacionar com meu filho sem cometer os mesmos erros de meu pai comigo? Por que os pais não entendem os filhos? Por que já se esqueceram como eram quando tinham a idade deles? Ou por que não conseguem se por no lugar deles?"*

Já era muito tarde para ir filosofar na sua pedra á beira-mar. Teófilo subiu, então, para seu quarto. Sentando-se à escrivaninha, deparou-se com uma frase que anotara num bloco de notas e que há dias vinha lhe verrumando os miolos, como dizia. Era uma citação de Confúcio: *"A saída é pela porta da frente. Por que será que ninguém a quer usar?"*

"Até aqui os problemas: impasse na consultoria, conflitos com a companheira, preocupações com o filho... quem sabe está na hora de encontrar as soluções, a porta da frente?" – interrogou-se Teo, jogando o corpo para trás e fazendo ranger as dobradiças da cadeira giratória, que agora balançava de um lado para outro, no compasso de suas inquietações.

DE NOVO A CONSULTORIA

Teófilo encontrava-se na sala de reuniões, esperando pelos conselheiros, observando a galeria de quadros dos antigos presidentes expostos numa das paredes e o mobiliário antigo que dava ao ambiente um ar opressivo. Olhou para a mesa com as cadeiras dispostas em torno, como para uma reunião formal, e murmurou para si mesmo, irritado:

– *As cadeiras continuam ao redor da mesa e não em semicírculo como solicitei. Que resistência a mudanças!*

Dr. Arquimedes entrou e sentou-se à cabeceira da mesa. Com todos acomodados, o presidente abriu os trabalhos:

– Tem a palavra nosso consultor.

– Podem me entregar as folhas impressas com suas propostas, para que eu as possa ler em voz alta para todos?

Os conselheiros entreolharam-se e alguns comentaram algo em voz baixa com seu vizinho.

– Acho que somos todos alunos relapsos... Parece que ninguém fez o dever de casa – comentou Cléber, esboçando um sorriso.

– Não pretendia que se sentissem como alunos a quem o professor dá tarefas, Cléber. O propósito era dar uma oportunidade de todos expressarem sua opinião sem terem que se confrontar. Assim teríamos um ponto de partida para tentar desfazer os nós que foram se estabelecendo na comunicação de vocês, impedindo que se entendam.

"Seria a forma de o grupo protestar contra a sua condução do processo? Teria que buscar alternativas de lidar com as resistências do grupo? Quais? Como superar o impasse e seguir em frente?" – Essas eram as indagações que se atropelavam na mente de Teófilo, enquanto rastreava ideias à procura da maneira de vencer a inércia que obstaculizava o fluxo do trabalho.

– Bem, estariam dispostos a fazer uma brincadeira para descontrairmos o ambiente e me permitir seguir adiante?

Silêncio no grupo.

– Vou tomar o silêncio como assentimento – continuou Teófilo. – Todos sabem jogar par ou ímpar?

– Sim – respondeu Cléber pelos demais, que se entreolharam com expressão de estranheza.

– Pois então peço que se levantem, para jogar par ou ímpar com quem está a seu lado, quando eu determinar.

Os conselheiros tomaram posição conforme suas instruções, a maioria com a disposição de quem está por todas desde que se encontre uma saída para o mal-estar circulante. Dr. Arquimedes continuou sentado, apenas olhando os demais, que se colocavam formando pares: Artur e Raul, Márcio e Sônia, Minerva e Gregório. Cléber convidou o Dr. Arquimedes para jogar com ele. O presidente, com visível má vontade, levantou-se para corresponder ao convite de Cléber. Todos ficaram aguardando a voz de comando:

– Podem jogar agora – ordenou Teófilo, batendo palmas.

Já mais descontraídos, os membros do Conselho participaram da brincadeira; os vencedores exultantes com seus triunfos. Teófilo solicitou, então, que os vencedores permanecessem como estavam e os perdedores sentassem. Ficaram em pé Artur, Márcio, Minerva e Cléber, que deu um tapinha amistoso às costas do Dr. Arquimedes, como que o consolando pela "derrota".

– Agora os que venceram, posicionem sua mão esquerda diante da direita e façam com que elas joguem par ou ímpar entre si – comandou Teófilo.

Houve um movimento inicial de estranheza e alguns logo contestaram, dizendo ser isso impossível. Como uma mão poderia jogar com a outra, sendo uma só cabeça a comandar seus movimentos e determinando quantos dedos seriam postos no confronto?

Teófilo, antes que prejulgassem que havia perdido o juízo, observou:

– Não é possível jogar par ou ímpar consigo mesmo, não é verdade? Pois não posso seguir adiante sem a colaboração de vocês. Não posso jogar par ou ímpar sozinho. Preciso da cumplicidade de todos para avançar.

Artur, ao perceber o que Teófilo tinha em mente, olhou para Minerva, depois para Márcio e comentou:

– Não se trata de ver quem vence no par ou ímpar, mas como as duas mãos podem colaborar uma com a outra para realizar algo de produtivo para todo o corpo, se entendi bem.

Fez-se, então, um silêncio constrangedor, pautado pelos olhares de reprovação de Minerva e Márcio para Artur, por haver insinuado que eles estavam antes preocupados com o triunfo de seus pontos de vista do que em trazer benefícios para o hospital.

Teófilo se pôs a cogitar como tirar o foco do confronto e retomar o andamento do processo de consultoria, quando de repente teve um *insight*:

"Claro! Assim como preciso conhecer melhor Deus e suas intenções antes de aceitar a missão que quer me confiar, é necessário que os conheça melhor, e eles uns aos outros para que prossigamos com sucesso na tarefa proposta! Como será que interagem no dia a dia do hospital? Se pudessem se conhecer mais intimamente, poderiam ser mais autênticos e dizerem realmente o que pensam de tudo que está acontecendo? Como se veem e o que sabem uns dos outros como pessoas com uma vida lá fora? Será que convivem fora daqui?"

Teófilo interveio:

– Vou lhes propor um exercício, ao final do qual todos com certeza vão se sentir mais próximos e com um novo olhar sobre si mesmos e os outros neste Conselho. Suponham que desejo conhecê-los melhor e preciso que se apresentem para mim como pessoas e não apenas como os profissionais que são. Mas em lugar de cada um fazer uma apresentação de si próprio, quero que escolha um colega para apresentar. E que o exercício se faça tal qual num jogo de passar o bastão: o apresentado não pode escolher para apresentar quem o tenha apresentado, para evitar interromper a corrente de apresentações, que só terminará quando o primeiro apresentador for apresentado. Durante as apresentações, todos devem se sentir à vontade para acrescentar alguma característica do apresentado que não houver sido mencionada pelo apresentador. Por fim, o apresentado terá a oportunidade de dizer como sentiu que o apresentaram e acrescentar o que julgue importante dizer a seu respeito.

Após um momento inicial de dúvidas sobre o procedimento, esclarecidas por Teófilo, Sônia iniciou a rodada de apresentações e com isso escolheu ser a última a ser apresentada.

Sônia, então, apresentou Cléber, salientando suas características de indivíduo sempre bem humorado, brincalhão, mas sério e responsável no exercício de suas atribuições profissionais. Os demais endossaram as observações de Sônia. Quando Teófilo solicitou a Cléber que dissesse como se sentiu apresentado e perguntou se queria acrescentar algo que não fora mencionado por seus colegas, ele fez alusão ao fato de se achar um "companheirão" para seus dois filhos adolescentes e um marido "quase sempre" fiel, o que provocou risadas no grupo.

Cléber, por sua vez, escolheu apresentar Márcio, de quem disse ter sido colega na faculdade, e o descreveu como um sujeito reservado, de poucos amigos, reconhecido pelos professores como brilhante aluno e respeitado por seus conhecimentos. Sabia ainda ser ele casado e ter um casal de filhos menores.

Quando Teófilo indagou se alguém gostaria de acrescentar algo a respeito de Márcio todos, à exceção de Minerva, se manifestaram, pondo ênfase em sua competência profissional. Sônia fez ainda menção a sua visão de futuro, fundamental, segundo ela, para manter o hospital como centro de referência na região.

Márcio agradeceu os comentários elogiosos recebidos e destacou sua preocupação com a melhoria do atendimento aos pacientes. A seguir escolheu Artur para dar sequência às apresentações.

Márcio limitou-se a apresentar Artur como um médico e pai de família exemplar, o que levou outros componentes do grupo a complementar a lacônica apresentação com comentários sobre o elevado senso de justiça de Artur, sua exigência consigo mesmo, bem como com os colegas e funcionários do hospital no cumprimento de suas obrigações, e a admiração que despertava nos pacientes por sua competência e forma carinhosa de tratá-los.

Artur complementou o que fora dito a seu respeito, ao dizer que nunca estava satisfeito com seu desempenho profissional e tampouco se julgava o pai de família exemplar, como Márcio dissera. A seguir escolheu Raul para apresentar, observando que o escolhera por terem algo em comum, ou seja, esse jeito crítico de ser consigo mesmo e com os outros.

– Só que Raul compensa seu lado exigente com a disponibilidade que tem em ajudar a todos, colegas e funcionários, tanto dentro como fora do hospital – acentuou Artur.

Sônia e em seguida Márcio relataram situações para ilustrar a disposição de Raul em prestar auxílio, tanto material como espiritual, a quem o requisitasse.

Raul ficou ruborizado, constrangido com os elogios feitos por Sônia e Márcio, e tratou logo de seguir a roda de apresentações como que para fugir de uma situação que lhe era embaraçosa. Dirigindo-se a Gregório, comentou ser ele perfeccionista e detalhista no que faz, o que lhe parecia uma qualidade indispensável a quem coordena o laboratório de análises clínicas do hospital.

– Talvez por ser tão dedicado ao trabalho e não ter olhos a não ser para a lente do microscópio é que continue solteiro – brincou Raul.

– É, dizem que sou um obsessivo-compulsivo, como a maioria dos que se dedicam a minha especialidade – justificou-se Gregório.

Gregório circunvagou o olhar pela sala para em seguida indagar:

– Tenho que apresentar um dos três que restam, não é verdade?

Teófilo assentiu com a cabeça, pressentindo que Gregório se demoraria na escolha, com a ambivalência peculiar a seu perfil psicológico.

Olhando ora para um, ora para outro dos três que ainda não haviam sido apresentados, Gregório finalmente apontou para o Dr. Arquimedes. Disse ter por ele grande admiração e lhe ser grato por ter sido ele quem o convidara para assumir a direção do laboratório e fazer parte do Conselho Deliberativo.

– Afinal, você só vai agradecer? Não vai apresentar o Dr. Arquimedes? – impacientou-se Raul, erguendo os ombros e esfregando o dedo indicador entre o colarinho e o pescoço.

– É um excelente presidente do Conselho... Bem, não sei muito de sua vida pessoal – gaguejou Gregório –, apenas que é viúvo, já tem netos, é muito respeitado por seus colegas e amigos... É, é isso...

– Creio que todos concordarão que o Dr. Arquimedes é um colega muito culto, de longa experiência em sua especialidade e que por seus trabalhos de pesquisa se tornou respeitado não só no país como no exterior. Além disso, é admirado e benquisto por todos nós – acrescentou Minerva, falando pela primeira vez na reunião.

– Lá vem essa interesseira *puxar o saco* do velho – cochichou Márcio ao ouvido de Sônia.

Dr. Arquimedes empertigou-se em sua cadeira de espaldar alto e, quando todos temiam que fizesse um de seus discursos autolaudatórios, proferiu um lacônico "muito obrigado" e disse entender que deveria dar prosseguimento às apresentações.

– Vou apresentar Minerva, nossa competente diretora administrativa, sempre tão dedicada ao hospital – principiou o decano, no seu habitual tom formal. – Sabemos que seu senso de responsabilidade é inexcedível, o que já se revelara no seio de sua família. Quando faltou a mãe, tomou conta dos irmãos menores, embora fosse ela própria muito jovem ainda. E sei que até agora é muito devotada a eles.

– Alguém teria algo a acrescentar ao que disse o Dr. Arquimedes? – indagou Teófilo, ao perceber que ele nada mais diria, após cruzar as mãos sobre o ventre e assumir um ar solene.

– É inegável que Minerva tem todos os méritos apontados pelo Dr. Arquimedes; só queria acrescentar ser ela uma pessoa bastante conservadora e não gostar de mudanças – comentou Artur.

– Para que mudar o que está dando certo? – alegou Minerva, fitando desafiadoramente Artur.

Raul enfiou o dedo indicador entre o colarinho e o pescoço e olhou o relógio, para logo intervir:

– Só falta apresentar a Sônia e cabe a Minerva encerrar a rodada de apresentações, não é mesmo senhor consultor?

Minerva remexeu-se na cadeira e, com um esgar de boca que evidenciava seu mal-estar com a tarefa, pronunciou-se:

– Bem, a Sônia é tida pelos colegas do Conselho como a pessoa afável e simpática que talvez eu não consiga ser. Sei que recentemente separou-se do marido, com quem esteve casada pouco mais de um ano. É muito ligada ao Márcio, cujas opiniões costuma defender – concluiu Minerva, lançando um olhar provocativo para Sônia.

Sônia, então, dirigiu-se aos demais e indagou se essa era a mesma impressão que tinham dela.

Artur disse que, de fato, Sônia primava por sua simpatia e discordava de Minerva quanto a estar ela sempre aliada a Márcio nas opiniões deste. Achava que ela tinha um pensamento muito independente para atrelar-se a quem quer que fosse.

O ambiente, que havia se desanuviado durante as apresentações iniciais, voltou a ficar carregado com a insinuação de Minerva de que Sônia aliou-se a Márcio contra ela.

Um novo silêncio se fez, enquanto Teófilo procurava organizar suas ideias sobre o rumo que tomaram as apresentações. Havia observado que no início predominavam as referências às qualidades positivas de cada apresentado. Estavam cautelosos, com receio de ferir suscetibilidades ao apontar algo que pudesse soar como desagradável ao apresentado da vez. Isso ocorreu até o momento em que Minerva denunciou uma possível aliança entre Sônia e Márcio e Artur saiu em defesa da colega. Quem seriam os aliados de Minerva? Raul e Gregório? Dr. Arquimedes, embora fazendo um esforço para manter sua postura de magistrado, parecia suscetível aos esforços de Minerva para cooptá-lo.

Teófilo estava perdido nessas considerações quando Cléber interveio, procurando aliviar a tensão que se instalava, no seu habitual tom jocoso:

– E aí, meu caro consultor, pôde enfim nos conhecer melhor? Há uma luz no fundo do túnel ou estamos irremediavelmente sem saídas para nossos impasses e conflitos?

– Olha Cléber – respondeu Teófilo –, a única coisa que me ocorre dizer, neste momento, é transmitir-lhes minha impressão de que vocês sabem pouco uns dos outros e que há muito mais a dizerem do que fizeram nestas apresentações. Mas creio que houve algum progresso. Quando nos conhecemos melhor, as relações ficam menos formais e podemos nos expressar com maior franqueza. Mais adiante vamos fazer outros exercícios para que possam se conhecer melhor. O passo seguinte é ver como podem examinar as ideias que circulam no grupo sobre o destino do hospital sem que isso leve a confrontos pessoais.

– Como assim? – perguntou Gregório, franzindo a testa e confirmando a Teófilo a impressão de que não era ele um sujeito muito perspicaz.

– As ideias podem e até devem brigar entre si, para que do embate possamos colher o que de melhor cada uma tem. Não significa que ao optarmos por uma delas as outras tenham que ser jogadas na lixeira. Tampouco se trata de identificar quem venceu no enfrentamento das ideias. Até porque não deve haver vencedores ou vencidos no seio de uma mesma equipe – explicou Teófilo, num tom didático, sentindo restaurar-se sua confiança no papel a desempenhar naquela instituição.

– Estou curiosa para ver como obteremos isso – comentou Sônia.

– Concordo que houve avanços, mas ainda estou cético quanto a obtermos acordos em pontos tão discordantes – observou Raul, dirigindo o olhar para Minerva e logo a seguir para Márcio.

Cléber e Artur discordaram do ceticismo de Raul, dizendo-se confiantes na condução do consultor e esperançosos de que as divergências pudessem ser superadas.

Neste momento, o decano olhou para o relógio e decretou o fim da reunião.

Não passou despercebido a Teófilo o olhar contrafeito do Dr. Arquimedes, como se, naquele momento, mais do que a solução dos problemas desejasse seu fracasso, para poder dispensar seus serviços.

"O importante é que o fluxo de trabalho foi retomado", pensou Teófilo, *"e por que não admitir que esteja saindo da reunião com a sensação de haver vencido este 'round' no enfrentamento com o decano?"*

DISCUTINDO A RELAÇÃO

Isa ouviu a chave girar na fechadura da porta e logo pensou: *"Qual é a queixa do dia? Em que estará focado o mau humor de meu marido hoje?"*

Sem dizer palavra, Teo subiu as escadas e bateu à porta do quarto de Joca.

– Joca! Joca!

Como não obtivesse resposta, desceu para a sala, onde encontrou a mulher enrodilhada no sofá, parecendo amuada.

– Eu não passo de um objeto da casa para você, não é? Chega e nem me dirige o olhar.

– É que eu estava com a cabeça na conversa que tive com o Joca ontem à noite e queria ver se ele estava no quarto – justificou-se Teo.

– Nós também tivemos uma conversa... Lembra?

– Lembro sim – respondeu Teo, aproximando a cabeça para dar um beijo na testa de Isa.

– Agora é só beijinho na testa. Nem mesmo aqueles "selinhos" que me aplicava na boca com o pensamento sei lá onde...

– O Joca fez algum comentário para você sobre a conversa que tivemos? – perguntou Teo, desconsiderando a provocação de Isa.

– Ele me disse que teve um bom papo com o pai. Só não entrou em detalhes e eu evitei fazer perguntas. Mas reparei que ele estava diferente comigo hoje, menos arisco... Bem, e nós? – insistiu Isa.

Teo jogou-se na poltrona, ao lado do sofá onde Isa estava recostada, soltou um longo suspiro e falou:

– Pois me parece que estamos a fazer um monólogo a dois. Enquanto um está falando o outro nem escuta, porque já está pensando na resposta que vai dar, no argumento que vai usar. Isso é um diálogo de surdos, Heloísa!

– E daí?

– Daí não sei o que fazer – admitiu Teo, sentando-se ao lado de Isa e colocando o braço sobre seu ombro. – Estou tão perdido na minha relação com você quanto estava na consultoria lá no hospital.

– Pois acho que você...

– Isa, só para variar, vamos tentar trocar o "acho que você" por "acho que eu"... Temos que aprender a reciclar nosso lixo psíquico.

– Lixo psíquico?

– É. Um conceito interessante que li num livro. Por sinal, de autoria de uma mulher. Mas deixa pra lá, um dia lhe explico o que é. Hoje não, para você não dizer que estou teorizando ou metido a erudito. Quero te propor um exercício...

– Lá vem o psicólogo com seus exercícios de dinâmica de grupo...

– Nada disso! É apenas uma brincadeira para ver se conseguimos evitar discussões. Durante quinze minutos só vale falar no que cada um sente ou pensa, sem arriscar palpites sobre o que está na cabeça do outro ou fazer julgamentos a seu respeito. Que tal?

– Pois sabe o que eu sinto? Que nossa relação esgotou-se. Que perdemos o prazer de estar juntos. Que nem sequer fazemos hoje o que antes nos aproximava: ir a um cinema juntos, receber amigos em casa, viajar sem planejamentos prévios, cada um com sua mochila nas costas...Recorda quando éramos jovens?

– Sabedoria é viver bem a idade que se tem, Isa. O que antes tinha sentido agora não tem mais na idade em que estamos.

– Olha o "achismo" erudito...

– Está bem. De minha parte o que sinto é que só sobrou a cama. Trepamos bem e é só isso.

– Só isso? Acha pouco? Confesso que me sinto lisonjeada por você ainda sentir-se atraído sexualmente por mim, quando dizia que o desejo sexual de um homem é monitorado pela visão e que precisa de um corpo jovem de mulher para excitá-lo.

– O toque, Isa, a carícia passa a ser indispensável. A pele substitui a visão. E sinto falta de seus carinhos fora do momento em que temos uma relação sexual. Parece tão distante...

– Para a mulher é o ouvido o órgão sensível, Teo. Não me sussurra mais palavras de amor como antes fazia. Nem comenta quando mudo o penteado ou troco o jeans pela minissaia só para te provocar.

– Veja lá, já estamos incorrendo novamente no antigo hábito do "acho que você" em lugar do "acho que eu"... Sempre com o foco no que espero que você faça para me agradar e não no que eu devo fazer para lhe satisfazer.

– Para lhe agradar teria que, quando se aposentasse, ir morar com você num sítio, onde pudesse estar em contato com a natureza, que tanta falta lhe faz, e o silêncio só é quebrado pelo canto dos pássaros ou da água cascateando num regato. Acontece que sou uma mulher urbana, gosto do ruído da cidade e das opções de lazer que ela me oferece.

– E aí caímos num impasse, porque o seu desejo se contrapõe ao meu e ficamos com projetos de vida incompatíveis.

– Como tradicionalmente sempre é a mulher que deve abrir mão de suas vontades para acompanhar o marido, e não estou disposta a isto, só nos resta a separação, não é mesmo? Vida a dois não implica em concessões recíprocas? Quando será a minha vez de usufruir a realização de meus desejos? Afinal, já se foi a época dos direitos só para os homens. Por que sempre tenho que me sujeitar aos rumos que você decide dar para nossas vidas?

– Como diz a velha piada: quem manda em minha casa sou eu, mas quem manda em mim é minha mulher. Aparentemente sou eu quem decide, mas você é quem detém os comandos. Lembra da escolha desta casa?

– A casa foi a que escolhi, mas o bairro você impôs que fosse esse, já que lhe facilitava o deslocamento para seu escritório.

– Ambos concordamos que seria mais próximo da escola do Joca.

– Filhos são o que um casal compartilha. Mas e o direito de ter uma área privada, onde o outro não interfira? O direito de realizar meus desejos quando se chocam com os seus? Como é que fica?

– Deus errou ao conceder aos seres humanos o livre-arbítrio, sem dotá-los do entendimento de seus limites ao usá-lo. Só podemos realizar nossos desejos até onde não entrem em conflito com os do outro.

– Ué, Teo, agora também você crê em Deus? Que história é essa de Deus, livre-arbítrio e sei lá mais o quê?

– Maneiras de dizer, nada mais. Metáforas...

Isa levantou-se de um salto do sofá e, dizendo que tinha que fazer umas compras no supermercado, saiu da sala repentinamente, deixando Teo a ruminar seus pensamentos.

"Não é por nos conhecermos pouco que não nos acertamos. Será que não podemos discutir a relação sem estarmos obstinados a ficar com a última palavra? Não posso ficar esperando que ela mude sua atitude, tenho é que mudar a minha. Acho que é por aí."

REENCONTRO COM DEUS

Teo sentou-se em sua pedra filosofal com o desejo de que Deus lhe aparecesse novamente, para lhe contar os progressos feitos desde que se encontraram. Reconhecia ter Ele o ajudado na obtenção de alguns *insights* durante a conversa que tiveram e tinha ímpetos de Lhe agradecer a colaboração prestada.

Assim como naquela outra tarde, recostou-se no rochedo, vendo o sol aninhar-se num travesseiro de nuvens lá para os lados do poente. Gaivotas riscavam o espaço em voos preguiçosos e o vaivém das ondas o punha sonolento.

Um forte vento passou a soprar, ecoando entre as fendas do rochedo.

– Parabéns, Teo, já soube de teus avanços – manifestou-se Deus, com Sua voz grave, sobressaltando Teo.

– E como soube? – estranhou Teo, um tanto frustrado por não poder surpreender Deus com o relato de suas recentes percepções no âmbito de suas relações interpessoais.

– Ora Teo, te esqueces que posso saber tudo a teu respeito sempre que quiser? A onisciência é a última das faculdades que deixarei de ter no meu ocaso divino.

– Isso não é justo numa conversação sem hierarquias como a que propôs.

– O que fazer? Sempre saberei tudo a teu respeito enquanto...

– ... eu terei que conhecê-Lo aos poucos, não é isso? – completou Teo, inconformado.

– Sou como um iceberg, cuja parte submersa é muito maior do que a revelada à superfície.

– O grande Deus Inconsciente – murmurou Teo, como se falasse para si mesmo.

– O que queres dizer?

– Nada, nada. É apenas uma ideia que me ocorreu: a de comparar Você com o Inconsciente da maneira como foi descrito por Freud. Ele usou a mesma metáfora do iceberg para descrevê-lo.

– Sei, sei. Freud é um dos personagens marcantes de minha epopéia. Com o livre-arbítrio que lhe concedi e a genialidade que possuía, postulou sua teoria explicativa dos fenômenos mentais, assim como o outro gênio de que falávamos em nosso encontro anterior, Hawking, estabeleceu sua teoria explicativa da origem do universo.

— Freud era ateu, como deve saber com Sua onisciência; Hawking nem tanto, pois de certa forma O incluiu na sua explicação das origens do Universo.

— Os personagens seguem seus próprios caminhos — suspirou Deus, antes conformado que contrafeito.

— Assim como os religiosos se apropriaram do Criador e o fizeram refém de seus propósitos de controlar as almas, os psicanalistas se apropriaram do Inconsciente para transformá-lo numa espécie de nova deidade, que tudo explica no comportamento humano. Sacerdotes e psicanalistas não comungariam da mesma perversão fundamentalista? – especulou Teo.

— Apesar do que fizeram comigo os crentes, sigo existindo como a grande força criadora da natureza assim como, apesar do que fizeram com o Inconsciente os psicanalistas, ele segue existindo como a grande força propulsora dos processos mentais.

— E a minha missão, Deus, qual é afinal?

— Sem te dares conta já começaste a executá-la.

— Como assim?

— Quando, na consultoria, percebeste que os conselheiros precisam se conhecer melhor para interagirem de outra forma; quando entendeste que terás que te colocar no lugar de teu filho adolescente se quiseres compreendê-lo; ou ainda, quando percebeste que nada mudará na relação com tua mulher enquanto esperas que ela mude de atitude e não tratas de mudar a tua.

— Continuo sem alcançar qual o sentido de minha missão com essas mudanças que Você assinala.

– O caminho se faz caminhando, Teo. Entenderás melhor à medida que fores percebendo transformações em tua conduta como profissional, em teu relacionamento conjugal e com o filho.

– Mas Deus, se não vejo aonde quero chegar, como direcionar minha trajetória?

– És muito impaciente, Teo. A Humanidade desviou-se de sua rota e não foi por não saber aonde queria chegar. Só aprende-se com a própria experiência. Para corrigir os erros cometidos precisamos cometê-los antes, por mais paradoxal que isso possa parecer.

– Hã-hã! Acabo de perceber ser isso válido até mesmo para Deus. Se pudesse prever o que fariam, não daria a Suas criaturas, em caráter irrevogável, o livre-arbítrio, não é mesmo?

– E se não houvesse dado, como saber o que fariam com ele?

– Então não era tão onisciente como diz?

– Não mitifiques Deus, como não deves fazê-lo com o Inconsciente, Teo. Não tenho e nunca tive o poder de antecipar o que farão minhas criaturas, como tu não tens o de prever as diabruras dos personagens que cria em suas narrativas. O Inconsciente, por sua vez, não é a única chave para acessar a compreensão do comportamento humano.

– Se entendi bem, mesmo para Deus, é possível analisar e tirar ensinamentos do que houve no passado, mas não prever o que acontecerá no futuro, não é?

– Exato! Por isso pude perceber e avaliar os progressos que fizeste, mas não posso conceber teus próximos passos. Isso é por conta de teu livre-arbítrio.

– Mas posso aprender não só de minha experiência, mas também do que puder aproveitar de nossa conversa, da influência que ela terá sobre meu comportamento futuro, não é mesmo?

– Outra vez bem apanhado, meu caro Teo. Quando nos dispomos a escutar, sempre temos o que aprender com os outros. Estás começando a assimilar o que tenho para te transmitir. A partir daí te será fácil seguir o fio condutor de tua missão. Bem, mesmo Deus precisa repousar. Até uma próxima ocasião, Teo.

– Não se vá ainda, tenho outras questões sobre as quais desejaria ouvir Sua opinião. Se a sabedoria é fruto da experiência, ninguém a terá maior do que a Sua.

– A sabedoria nasce quando aprendemos a nos colocar no lugar do outro e a respeitá-lo, Teo. Tem consideração por meu cansaço e desejo de interromper nosso diálogo – concluiu Deus, soltando o divino bocejo com que anunciava sua retirada.

"Deus sabe mais por velho do que por ser Deus", sentenciou Teo para si próprio, percebendo que Ele já se fizera ausente. *"Estranho, acho já ter ouvido essa expressão, mas referindo-se a outro personagem, não?! Ah sim! Ao Diabo – ele é quem sabe mais por velho do que por ser quem é. Esse é o provérbio! – Mas e o Diabo, por onde andaria? Por que ainda não se manifestou, conforme Deus insinuou que faria?"*

O sol já se escondera atrás dos montes e a noite se anunciava, estendendo nos céus seu manto penumbroso sobre a terra.

GERAÇÕES EM CONFRONTO

Teo estava colocando o carro na garagem quando viu o filho chegar, vestindo o traje de neoprene e carregando a prancha de surfe. Ambos subiram juntos, calados, a escada que dava acesso à área de serviço da casa.

Entraram na cozinha e Joca dirigiu-se à geladeira, dando as costas ao pai e evitando encará-lo.

– Deve estar pensando que eu não devia estar surfando e sim estudando...

– Não ponha na minha cabeça o que já está na sua – interrompeu Teo, cuidando-se para que seu tom de voz não soasse como reprovação.

– Num dia como hoje não dava pra não pegar umas ondas – continuou Joca, se justificando. – A gente vem com a cabeça leve, descansada. O estudo rende mais.

— Acredito — disse com um suspiro Teo, sentando-se em um banquinho junto à porta, observando o filho que retirava do freezer um desses burgers de dois andares e o colocava no micro-ondas. — Bem que eu desejaria também, numa manhã de sol, largar tudo e ir nadar na praia. Mas essa é a diferença entre nós, Joca. Você pode escolher não estudar e ir surfar, eu tenho que trabalhar para sustentar vocês.

— Vocês?

— Sim. Você e sua mãe.

— Ah! É verdade. A velha só ganha para os alfinetes, como já vi você dizendo. Bem, mas quando estava com a minha idade, como é que era?

— Não muito diferente de hoje. Eu tinha que ajudar seu avô no escritório de advocacia, porque ele queria me ver pegando gosto pelo ofício, para um dia sucedê-lo. Eu tinha que pôr em ordem os processos. Eu tinha que acompanhá-lo ao Fórum. Aliás, a minha vida sempre foi um "ter que". Acabei "tendo que" enfrentar a ira do velho João Carlos quando lhe disse que não iria fazer vestibular para direito e sim para psicologia.

— Humhum! — grunhiu Joca, enchendo a boca com um pedaço do burger. — E daí?

— Daí que ingressei no curso de psicologia e ainda fui fazer vestibular para administração. Acho que para dar uma satisfação a seu avô, que dizia que psicologia não enche a barriga de ninguém. E vendo você devorar desse jeito esse sanduíche só posso concordar com ele! — disse Teo, rindo.

– É bom vê-lo bem-humorado, fazendo gozações – comentou Joca, limpando a boca com as costas da mão. – Há tempos anda com ar de estressado, de mal com a vida.

– É assim que você me vê, filho?

– Olha pai, pra ser franco, do jeito que se viciou em trabalho, às vezes acho que vai acabar numa clínica para se desintoxicar. Está contente com essa vidinha de burguês que escolheu? De casa pro trabalho, do trabalho pra casa; batendo o ponto na academia pra adiar o infarto. Eu, hem?

– João Carlos, respeito é bom e eu gosto – reclamou Teo. De repente lhe ocorreu que alguém lhe dissera recentemente as mesmas palavras: *"respeito é bom e eu gosto"*, mas quem fora mesmo?

Joca detestava quando o pai o chamava de "João Carlos", nome que recebera como homenagem ao avô, a quem nem chegara a conhecer, pois falecera antes que houvesse nascido. Isso acontecia quando o pai estava prestes a incorporar o espírito autoritário do velho advogado e ia endurecer com ele, Joca.

– Olha aqui, pai, não quero desrespeitá-lo nem discutir como a gente acaba fazendo – continuou Joca, jogando no lixo os restos do lanche e vindo sentar-se noutro banco, junto ao pai. – Mas os tempos são outros. Sem essa de ficar comparando a dureza que era na sua época e a moleza que acha que é agora. Para os pais de hoje somos todos uns vagabundos, irresponsáveis, que ficam se drogando nas baladas e fazendo sexo adoidado com garotas alucinantes e liberadas. Vocês, coroas, babam pelas nossas minas, não é mesmo?

– Não vou negar – admitiu Teo, mordendo os lábios, ao lembrar as muitas vezes em que havia se lamentado por não ter nascido uma geração depois –, invejo vocês que tem pais para trabalhar e ganhar o dinheiro que gastam nas noitadas, para depois passar o dia seguinte curando a ressaca de sexo, drogas e *rock and roll* em vez de estudar para passar no vestibular.

Joca irritou-se com o tom sarcástico que percebeu nas palavras do pai e retrucou:

– Se é para comparar, vou lembrar que vocês saiam à noite sem o risco de morrer esfaqueados num estacionamento ou atropelados por um doidão numa moto a mil por hora. Olha só o mundo violento que deixaram como herança para nós. Se flagra!

– Sem essa, Joca! Quem é responsável pelo surto de violência urbana são jovens desocupados, alienados, que não aceitam ganhar a vida com o suor de seus rostos e saem por aí querendo chegar ao topo sem ter que escalar a montanha.

– Você disse bem: escalar a montanha! É bem isso que temos que fazer hoje em dia para ingressar no mercado de trabalho. Prum cara como você, que não era nenhum gênio, mas também não era burro, foi fácil arrumar trabalho quando saiu da faculdade e, mais adiante, virar consultor de empresas financeiramente bem sucedido, não foi? Ou estou enganado?

– Está sim! Não tem noção do duro que dei para chegar aonde cheguei. E nem das vezes em que tive que curvar a coluna ou bajular quem detém o poder para não ser posto de lado na sociedade competitiva em que vivemos.

– Você teve que se submeter alguma vez, pai? Sempre julguei que era um cara que não se dobrava – comentou Joca, um tanto surpreso com o que o pai dissera.

– Pois foi pensando em não ter que me submeter a chefes que nunca quis ter emprego e optei por ser um profissional liberal autônomo, aparentemente dono de meu nariz. Mas na verdade ninguém é independente como pensa que pode ser. Todos têm que fazer concessões para sobreviver nesta selva que é o mercado de trabalho. Os clientes acabam sendo nossos chefes. Uma falha qualquer e lá vem o efeito dominó: perde-se o cliente e com ele a credibilidade na praça – queixou-se Teo, com um gemido ao levantar-se para ir servir-se de um copo de leite.

– De novo a úlcera? – perguntou Joca, franzindo a testa, preocupado com a saúde do pai.

– Não, nada. É só o hábito adquirido de matar a sede com leite em lugar de água.

– Sempre achei que sua carreira fosse uma subida sem maior esforço na tal montanha, sendo competente como é – prosseguiu Joca, procurando suavizar o tom polêmico de há pouco.

– Engano seu, meu filho. A vida é como um vestibular que não se acaba: estamos sempre tendo que ser aprovados – sentenciou Teo, voltando a sentar-se ao lado de Joca.

– Que força está me dando, né velho? Se for isso que me espera, pra que me matar no estudo? – brincou Joca, fazendo de conta que soqueava o ventre do pai.

– Tenho um colega que diz que o mundo é dos espertos e que só se dá bem quem corrompe ou se deixa corromper. Por isso, ele quer ser político!

– Pois ainda acho que no futuro, o mundo não será dos que você chama "espertos", mas daqueles que tem inteligência para sobreviver a partir de seus conhecimentos e atitudes de respeito para com o próximo.

– Qual é, pai? Você acha que lições de moral vão mudar os caras que hoje têm sucesso à custa de explorar os outros?

– Não, meu filho. Não é por razões morais que acho valer a pena investir em desenvolver capacidades e consideração pelos outros, mas como uma estratégia de sobrevivência. O homem tem sido um predador de si mesmo ao longo da história da humanidade. E se os gananciosos continuarem agindo só em favor de seus interesses pessoais, vão se destruir uns aos outros e ainda aniquilar a natureza, essa galinha dos ovos de ouro que alimenta a todos. E aí não vai sobrar ninguém para contar a história dos "espertos", me entende?

– Fala sério! Qual é então a alternativa, coroa? Aprendermos a ser bonzinhos, sem ambições pessoais, uns babacas pisoteados por quem vai atrás do poder que o dinheiro dá?

– Olha Joca, se nem Deus consegue controlar o que os homens aprontam com seu livre-arbítrio... não seria eu quem... quem teria alternativas... quero dizer... – gaguejou Teo, intrigado com ter mencionado Deus para argumentar com o filho.

– Ué, pai, que história é essa de colocar Deus no meio? Você não disse sempre que não acredita nele?

– É só uma maneira de falar – contestou Teo, desconcertado com seu lapso. – Temos que fazer nossa parte, como o beija-flor carrega no bico a gota para apagar o incêndio da floresta. Em terra de cego quem tem um olho é rei, diz o ditado. Entre tantos cegos que não veem para onde estão levando o mundo com sua avidez, quem percebe isso pode fazer algo para frear o desastre antes que ocorra.

– Pô, *velho*, tá falando bonito hoje, hem? Parece que tá dando aula...

– Eu me empolgo quando falo das competências que temos que desenvolver para que a espécie humana sobreviva.

– Competência... competência... Sabe o que aquele meu colega dizia? Que só não é desonesto quem não tem competência para ser. Sacou?

– Taí uma competência que não gostaria de vê-lo desenvolver – disse Teo, apoiando-se no ombro de Joca para levantar-se.

-- Vou tomar um banho – anunciou Joca, dando a conversa por finda, vendo o pai encaminhar-se para a sala de estar.

Teo percebeu que conseguira conversar com Joca sem repetir o ranço autoritário de seu pai, que só falava com ele para tentar convencê-lo que estava com a razão. Pensou, então: *"É isso! preciso acabar com essa quebra de braços se quiser me entender com meu filho. Mas ainda preciso aprender a me pôr em seu lugar sem "preconceitos" ou posturas radicais. Só assim compreenderei o que é ser um adolescente nos dias atuais".*

Soou a campainha. Era Isa que chegava.

A LUTA DOS SEXOS

Teo foi abrir a porta para Isa enquanto Joca subia as escadas, de dois em dois lances como costumava fazer, em direção a seu quarto. Uma lufada de vento insinuou-se casa adentro, impelindo Isa em direção ao corpo de Teo.

– Ufa! Parece que vem aí uma mudança de tempo – comentou Isa, ajeitando os cabelos revoltos pela ventania.

– Ué, esqueceu a chave? – perguntou Teo, recebendo Isa com um beijo no rosto.

– Milagre você não me xingar de DDA – observou Isa.

– Não disse, mas pensei – admitiu Teo.

–Como se dependesse de minha vontade me livrar do tal DDA. Distúrbio de Déficit de Atenção: os psiquiatras não têm mais o que inventar para rotular seus pacientes – comentou Isa, enquanto despia a jaqueta e a colocava no espaldar de uma cadeira.

– Pois é, mas eu me contive a tempo porque não quis rotular você, pois sei que isso a incomoda tanto quanto me aborrece quando você me rotula de queixoso, deprimido, mal-humorado e coisas do gênero. Você me aprisiona com seus rótulos e não consigo ser diferente, mesmo quando me proponho a isso.

– E o Inconsciente, a quem você sempre invoca para justificar-se quando faz o que não quer, onde fica? Agora sou a responsável por você ser como é – reclamou Isa, atirando-se numa poltrona.

– Ora, ora, o grande Deus Inconsciente... é cômodo responsabilizá-lo por aquilo que depende de nosso livre-arbítrio, não é mesmo? Assim nunca mudamos...

– Ué, que bicho mordeu você? Deixar de responsabilizar o Inconsciente por suas ações, referir-se a Deus, falar nesse tal de livre-arbítrio, não se queixar do trabalho... o que aconteceu? – perguntou Isa, descalçando as sandálias.

– Pois é. Estou determinado a mudar o que incomoda a mim e a você. Quer um café? – ofereceu Teo, sabendo não haver nada que Isa mais apreciasse do que uma xícara de café quando vinha da rua.

– E o Joca? – indagou Isa, acompanhando Teo em direção à cozinha.

– Estava comigo até há pouco. Acho que foi trocar de roupa. Sabe que foi à praia surfar em vez de ficar em casa estudando? Não vejo como vá passar no vestibular assim.

– Lá vem o pessimista de novo! Você já ouviu falar em profecias autocumpridoras? – ironizou Isa, sabendo ser aquela uma metáfora empregada por Teo em suas aulas, quando queria ilustrar a forma como certos líderes levam suas equipes ao fracasso por não acreditarem na competência de seus liderados para executar determinada tarefa.

Teo prendeu a cortina da janela que esvoaçava com o vento que continuava soprando forte e colocou o pó de café na máquina, em silêncio, evitando bater boca com Isa. Mas ela continuou provocando:

– No fundo você é um autoritário como seu pai e não se assume como tal. Por trás do marido liberal, que diz estimular a carreira de sua mulher e faz questão de dizer a seus amigos o quanto sou inteligente e me destaco em tudo que faço, está o machista que me queria para dona de casa e babá de seu filho.

– Ora, ora, Heloísa, convenhamos, você é quem está numa cruzada "femeachista" desde que entrou na menopausa e passou a fazer um balanço de sua vida, frustrada com o que não conseguiu realizar e me responsabilizando por isso – contra-atacou Teo, apanhando as xícaras no armário e quase as jogando em cima da mesa, irritado.

– Você compete comigo todo o tempo. Acha que é melhor como pai do que sou como mãe. É um escritor fracassado e por isso não consegue valorizar o que escrevo. Nunca engoliu o fato de eu ter publicado um livro, enquanto você não consegue ver seus contos premiados nesses concursozinhos literários em que se mete, cujas comissões organizadoras ainda nem entraram na era da informática.

– Como assim?

– Não lhe enviaram pelo correio tradicional o resultado do concurso? Ainda não descobriram a internet?

– É que o concurso é promovido pela secretaria de cultura do município... São uns dinossauros... Por isso não são capazes de reconhecer o valor de um texto inovador como o meu – disse Teo, num tom ressentido.

– Pois é. E você em vez de se promover, aparecendo na mídia, fazendo palestras sobre sua área de competência, escrevendo artigos para os jornais, fica aí mendigando reconhecimentos de seus méritos literários nesses concursozinhos provincianos. E, no fundo, me inveja por ser respeitada no meio acadêmico pela obra que publiquei sem ter que me submeter a avaliações de um bando de medíocres.

– Você é que não suporta me ver elogiado por meus alunos, mesmo sendo apenas um professor *freelancer* e não tendo títulos acadêmicos, enquanto você, professora titular do departamento de Letras, nunca foi homenageada pelos seus alunos, que acham suas aulas chatas, maçantes.

– Você sabe muito bem que ingressei no curso de Letras não porque quisesse ser professora, mas por achar que era o caminho para me tornar escritora. E você nunca me estimulou. Nem sequer lia meus textos. Você queria é que eu fosse uma professorinha universitária dando aulas por um salário irrisório, mas que garantisse uma renda fixa para a família, já que sua arrogância não lhe permitia ser um funcionário submetido a chefes.

– Merda! – exclamou Teo, irritado com a insinuação de Isa de que ele, no fundo, era arrogante como o pai, e queimando-se com o café quente que derramara da xícara num movimento brusco.

– A verdade dói, não é querido? Mais do que essa queimadura! – continuou Isa, desafiadora, enquanto socorria o marido, improvisando uma compressa com um pano de cozinha e o gelo retirado às pressas do freezer.

– *Touché*! – urrou Teo, acusando o duplo golpe: do ardor nas mãos pela ação do líquido fervente e das palavras queimantes proferidas por Isa no calor da discussão.

Como acontecia tantas vezes após seus confrontos verbais atingirem o clímax, Isa e Teo foram para o quarto deitar-se lado a lado na cama do casal, onde permaneciam em silêncio durante alguns minutos. Isa foi quem voltou a se manifestar:

– Olhe, Teo, parece que chegamos a um impasse em nossa vida de casal. Temos temperamentos incompatíveis e estamos com projetos de vida inconciliáveis neste momento. Melhor nos separarmos, enquanto resta certo respeito mútuo e possibilidade de nos relacionarmos cordialmente depois.

– Você tem outro homem em sua vida? – insinuou Teo, sobressaltado com o rumo que as coisas tomavam e a hipótese, que já lhe ocorrera, de Isa estar envolvida com alguém, pois falava com frequência em separação.

– Não! – afirmou com ênfase Isa, para em seguida soltar um longo suspiro.

— É que... Que tenho notado também... Hum... Você arredia na cama – gaguejou Teo. – Pensei que poderia estar transando com outro homem, daí seu desinteresse sexual por mim.

— Por que, diacho, os homens têm essa ideia fixa de que a companheira tem sempre que estar morrendo de desejo por eles? – perguntou Isa, erguendo-se sobre os cotovelos e olhando Teo de frente. – Vocês nunca imaginam que a mulher pode perder tesão por se sentir desvalorizada pelo companheiro no dia a dia da convivência do casal?

— Sempre me achei...

— Olha o achismo!

— Bem, sempre me senti um marido atencioso, atento a seus mínimos desejos e procurando satisfazê-los na medida de minhas possibilidades. E imagino que você também tenha a certeza de que nunca a traí nesses vinte anos em que estamos casados.

— Trair não é só ir para a cama com outra mulher, Teófilo – disse Isa, voltando a deitar a cabeça no travesseiro e exalando novo longo suspiro. – Você pode não ir para a cama com suas aluninhas seduzidas por seu brilho docente, mas troca e-mails com elas cheios de confidências a seu respeito.

— Com que então você anda bisbilhotando minha caixa de correspondência, Heloísa? Isso não é invadir a privacidade alheia, você que é tão ciosa de manter a sua intocável? Uma mulher pode tolerar que seu homem vá para a cama com outra mulher, mas não que lhe entregue fragmentos de sua alma – ironizou Teo, incomodado com a revelação de Isa.

– A curiosidade feminina é incontrolável, Teófilo! Principalmente quando sua intuição lhe assinala haver algo no ar! – observou Isa, enigmática, dobrando o travesseiro em dois e virando a cabeça na direção de Teo.

– Como assim? – indagou Teo, surpreendido.

– Naqueles seus e-mails, trocados com sua coleguinha que é amante da literatura e do cinema europeu, há um jogo de sedução pouco disfarçado, que aparece nas entrelinhas dos comentários sobre as leituras que compartilham ou os filmes que assistem.

– Você não acha que um homem pode ter afinidades intelectuais com uma mulher, sem que isso signifique querer se tornar seu amante? – perguntou Teo, voltando-se também na direção de Isa.

– Acho, mas sinto diferente o que se passa com você – observou Isa, acentuando o "acho" e o "sinto", para reforçar o código comunicacional proposto por Teo no último 'tête-à-tête' que tiveram. – É a intuição feminina, meu caro!

– A intuição feminina! – repetiu Teo, retornando à posição anterior e esticando os braços sobre a cama, ao mesmo tempo em que olhava para o teto.

– E a razão masculina! – completou Isa, também se espichando na cama e dirigindo o olhar para o lustre que pendia sobre suas cabeças.

– A razão masculina me diz que as mulheres são tão narcisistas a ponto de acharem que preenchem todas as necessidades de um homem, tanto físicas como afetivas e intelectuais – opinou Teo, em tom enfático.

– E a intuição feminina me sussurra que os homens estão sempre à procura de um holofote feminino, que os mantenham iluminados no palco de suas vidas – acrescentou Isa, não menos enfática.

– Pois que seja! E quando vejo o biquinho de seu seio apontar através do decote de sua blusa, como agora, me sinto todo iluminado por este corpo pelo qual sinto tanto desejo! – foi dizendo Teo, enquanto insinuava sua mão em direção ao peito de Isa, disposto a encerrar a discussão.

Isa ainda tentou esquivar-se, mas aos poucos foi ficando excitada e aceitou as carícias de Teo.

Após uma transa como há tempos não tinham, Isa, recostada no ombro de Teo, comentou:

– Só me fazendo gozar deste jeito para tolerar as chatices deste meu maridinho!

– Na luta dos sexos pode haver só vencedores – observou Teo.

– O que foi? – indagou Isa, sonolenta e bocejando.

– Nada não! Bobagens que o Tico diz para o Teco, numa conversa íntima entre os neurônios.

– Você está enigmático hoje! – ainda murmurou Isa, antes de virar para o lado e ressonar.

"Depois da tempestade a bonança", filosofou Teo, também rolando para o lado, abraçando o corpo de Isa. Com um entrecortado ronco vindo das profundezas da garganta, anunciou que também caíra no sono.

Lá fora rugiam os primeiros trovões de um temporal que se avizinhava.

TENTANDO QUEBRAR RESISTÊNCIAS NA CONSULTORIA

Teófilo estacionou o carro no pátio do hospital. Chovia a cântaros. Entrou no prédio, fechou o guarda-chuva e subiu as escadas, enquanto se ouviam vozes em discussão acalorada na sala de reuniões. Ao abrir a porta, Dr. Arquimedes dirigiu-se a ele e, tomando-o pelo braço, o conduziu para fora da sala. Com a voz entrecortada pela respiração ofegante, metralhou frases um tanto desconexas, procurando pôr Teófilo a par do que acontecera:

– Sempre esses dois cabeças duras... A Minerva e o Márcio... Minha pressão subiu... Isso vai acabar me matando... Quase se agrediram fisicamente... Estavam discutindo a reforma da UTI... Uns ficaram a favor de Minerva... Outros apoiaram Márcio... Uma confusão danada... Mais uma vez ninguém se entende e os ânimos estão cada vez mais exaltados... Minerva saiu da sala e não voltou... Márcio com as acusações de sempre... Que é um atraso para o hospital a resistência de Minerva às reformas necessárias... Ela, por sua vez, diz que se não frearmos a mania de grandeza de Márcio o hospital vai á falência... E ficam num bate-boca que não leva a lugar nenhum... Agora os outros entraram na briga também... A tal da franqueza que o senhor queria, não é Dr. Teófilo? – provocou o Dr. Arquimedes, apertando o pulso do consultor com exasperação. – Assim não aguento mais, vou me demitir...

"Está aí um fato novo que talvez mudasse o rumo das coisas", divagou Teófilo, procurando controlar a irritação. *"Além de que me livraria desse chato pendurado em meu braço, me tolhendo os movimentos e a liberdade de ação".*

– Vamos, então, para a reunião – disse Teófilo, com rispidez, tentando se desvencilhar da pegada de urso do decano.

Entrou na sala, acompanhado pelo presidente do Conselho, e fez um gesto pedindo a todos que se acalmassem. Em seguida, percebendo que as cadeiras mais uma vez não haviam sido colocadas em semicírculo, solicitou aos conselheiros que o ajudassem a arrastar a mesa para um canto e dispusessem as cadeiras da forma sugerida. Enquanto isso, ia justificando a razão daquela disposição das cadeiras:

– Se ficarmos face a face, sem a mesa entre nós, isso irá criar um clima menos formal e de maior interação entre todos.

Nesse ínterim, Minerva regressou. Teófilo sentou-se frente ao semicírculo, tendo o Dr. Arquimedes, em sua poltrona de espaldar alto, se posicionado de forma a confrontá-lo, com Gregório, Raul e Minerva a sua direita e Cléber, Artur, Sônia e Márcio a sua esquerda.

– Com a sua permissão, Dr. Arquimedes – começou Teófilo, encarando-o –, gostaria hoje de assumir a coordenação da reunião, para seguir avançando no processo com a introdução de novas ferramentas de trabalho.

Dr. Arquimedes assentiu com a cabeça, dando mostras, contudo, de estar visivelmente contrariado.

Teófilo dirigiu-se ao restante do grupo, fitando por instantes cada um dos participantes enquanto falava:

– Solicitei que sentassem em semicírculo para que nossa comunicação, tanto verbal como não verbal, pudesse ser mais efetiva. Nem sempre o que dizemos com as palavras coincide com o que expressamos com as atitudes e gestos. E isso dá origem a mal-entendidos que precisamos desfazer entre nós.

– Você está sempre dizendo "nós". Quer dizer que se inclui, é certo? – procurou certificar-se Sônia.

– Certíssimo, Sônia. Sou parte do grupo, ainda que com atribuições diferentes. Mas nossos papéis são complementares. Assim como o de vocês na relação com seus pacientes. Enquanto vocês prescrevem o tratamento e acompanham a evolução de seus pacientes, fazendo os ajustes que achem necessários na medicação, eles, por sua vez, precisam colaborar e seguir as prescrições dadas para que o tratamento funcione, não é assim? Minha função lembra a do médico, não a do juiz, como muitos talvez me vejam. Se tivesse vocação para ser juiz teria escolhido outra profissão. Como vocês, sou um cuidador: cuido da saúde do grupo enquanto vocês cuidam da de seus pacientes.

– Sim, doutor, vamos confiar em seu tratamento – disse Cléber, em tom jocoso, sempre procurando aliviar a tensão existente entre os presentes.

– Quero justificar por que assumi a coordenação da reunião, solicitando antes a concordância de quem costuma conduzi-la – continuou Teófilo, sem olhar para o Dr. Arquimedes, que neste momento parecia engasgar-se com a própria saliva. – O bom êxito de qualquer tarefa está vinculado à forma como exerce sua autoridade quem a coordena. Preciso chamar a mim a responsabilidade de liderá-los, mas apenas durante a execução da tarefa que me confiaram. É, pois, uma liderança provisória. Como um líder frouxo é tão pernicioso quanto um autocrático, vão me perceber mais assertivo e determinado na condução da reunião, mas sem deixar de estar aberto a suas ponderações e questionamentos, quando quiserem manifestá-los.

"Tenho que me cuidar para não dar uma de dono da verdade", acautelou-se Teófilo, pensando lá com seus botões.

– Bem, doutor, qual a medicação que nos prescreve neste momento? – perguntou Cléber, desta vez sério.

– Os médicos, desde tempos imemoriais, conhecem a força medicadora que reside na própria natureza e acentuam que é preciso, antes de tudo, respeitá-la, não inventando procedimentos que contrariem o funcionamento natural dos organismos... É isso ou estou equivocado?

– 'Vis medicatur naturae e primum non noscere': a força curadora da natureza e primeiro não prejudicar – enunciou o Dr. Arquimedes, erguendo a voz e animando-se pela oportunidade que lhe concedia o consultor de exibir seu latim e erudição.

– Obrigado, Dr. Arquimedes, pela intervenção que colabora com minha resposta ao Cléber e ajuda a esclarecer o foco de meu trabalho com vocês. Não tenho remédios pré-determinados a oferecer, antes de conhecê-los melhor, para não causar mais malefícios que benefícios.

– Iatrogenia! Intervenção que gera mais doença em lugar da cura buscada! – exclamou o Dr. Arquimedes, mostrando-se empolgado em poder evidenciar novamente sua cultura médica ante seus pares.

– Mais uma vez obrigado, Dr. Arquimedes, por definir com precisão e termos técnicos o que, metaforicamente, procurava lhes transmitir sobre os cuidados do consultor em não acrescentar mais problemas aos já existentes.

Teófilo, por sua vez, também exultava com a chance de colocar o antagonista na posição de aliado, o que julgava indispensável para o prosseguimento bem sucedido da consultoria.

– Você falou que é preciso nos conhecer melhor antes de indicar os procedimentos corretos. Por isso a insistência em que fizéssemos aquele exercício de apresentação cruzada no último encontro? – indagou Raul.

– Exatamente! E vamos fazer outros ainda com o mesmo propósito: não só para que eu os conheça melhor, mas vocês entre si também. Prosseguindo, o que desejo enfatizar é que a solução dos impasses surgidos no grupo se dá *no* e *pelo* próprio grupo. Minha função é facilitar-lhes o acesso a ela. Ajudá--los a encontrar as próprias saídas, não dizer o que devem fazer.

– Sempre pensei que a função dos líderes fosse apontar soluções para o grupo e dizer para onde ele deve se dirigir – observou Gregório.

Com resignação ante as objeções oriundas da índole conservadora do conselheiro, Teófilo expõe, valendo-se dos recursos didáticos provenientes de sua experiência como professor:

– O líder é antes de tudo um coordenador das ideias que emergem no grupo. Ele não deve pensar pelo grupo, ele pensa com o grupo, sempre com o cuidado de não impor suas convicções. Se achar que a melhor saída é pela porta da frente, mas os participantes do grupo entenderem que a saída pela porta dos fundos lhes é a mais conveniente, deve respeitar a decisão do grupo e ajudá-los a encontrar o acesso desejado. Este é o líder democrático, que não impõe suas vontades aos liderados e antes procura ser porta-voz dos anseios destes. É o perfil de líder que tem se mostrado mais adequado ao momento atual da evolução dos sistemas humanos.

– Mas, e se os participantes do grupo se enganarem em suas escolhas? Não deve o líder apontar a escolha certa? – insistiu Gregório.

– E quem nos assegura que o líder faça sempre as escolhas certas? Não diz o ditado que duas cabeças pensam melhor do que uma? Antes os líderes diziam "sigam-me!", e muitas vezes caiam todos no abismo a sua frente. Hoje os líderes sabem que a eficiência do grupo é maior que a dos indivíduos agindo isolados. Ainda que levem mais tempo para encontrar as soluções, a experiência tem comprovado que essas são mais eficazes quando todos os membros do grupo participam do processo de encontrá-las. A função do líder deve ser catalisar a busca de consenso, mediar os conflitos que surjam e ativar a criatividade dos membros de um grupo na realização das tarefas compartidas.

– Meu caro, não acha que já é tempo de parar com os "considerandos" e irmos aos "finalmentes", já que todos estão ansiosos para sair desse imbróglio em que nos metemos? – opinou Sônia.

– Tem toda a razão, Sônia. Os "considerandos" são derivados dos cacoetes pedagógicos de quem ministra cursos de capacitação para coordenadores de equipes. Obrigado por me trazer de volta ao contexto da realidade que os aflige e para a qual solicitaram minha ajuda.

"Maldito hábito de ficar argumentando em tom professoral, o que me torna incongruente com os próprios objetivos a que me proponho", foi o que passou pela cabeça de Teófilo, quando da observação de Sônia.

Márcio, carrancudo, olhava fixo para um ponto no chão. Minerva, distraída, fazia anotações em seu notebook apoiado entre os joelhos. Raul e Gregório vagavam o olhar pelo ambiente, mais ocupados com seus próprios interesses e problemas extra reunião. Artur e Cléber procuravam acompanhar atentamente o que dizia Teófilo. O Dr. Arquimedes, sentado à ponta da cadeira, parecia estar agora à espreita de novos momentos para evidenciar sua erudição médica.

– A maioria não está nem aí para o que viemos fazer nesta reunião, o que, em meu entender, é um desrespeito ao consultor – comentou Sônia.

– Ou, quando menos, um desperdício, porque afinal estão me pagando – acrescentou Teófilo.

– Não foi por iniciativa minha que esta consultoria foi solicitada – frisou Márcio, levantando os olhos do chão e demonstrando que não estava tão desligado de tudo como poderia parecer.

– Fui eu, como você sabe, Márcio, e porque estava me sentindo impotente para lidar com os atritos entre você e Minerva. Achei que era uma despesa válida – concluiu o decano com voz firme, olhando para Teófilo.

– Despesas propostas pelo presidente não se discutem, já as sugeridas pelo diretor médico... – comentou Márcio, deixando a frase em suspenso e olhando provocativamente para Minerva.

– Não queira comparar os gastos de seus projetos faraônicos com os honorários para o consultor – replicou Minerva.

– Você é mesmo uma cabeça-dura, Minerva. Quando deixará uma brecha nela para que penetrem outras opiniões?

– A linguagem dos números é incontestável, Márcio. Não sei como há quem não entenda o óbvio.

"Eles já nem se escutam! Enquanto um fala o outro já está pensando no que dirá a seguir!", espantou-se Teófilo, recordando-se de um professor que dizia que duas pessoas com premissas diferentes quanto mais discutem, mais cada qual se aferra a seus argumentos e acha que está com a razão.

– Bem, meu papel aqui não é servir de mais lenha para vocês atiçarem a fogueira. Não posso esperar que mudem sua atitude se não tratar de mudar a minha, já que sou também membro desse grupo, como afirmei há pouco. Quero examinar com vocês determinados equívocos que cometi e dividir com o grupo sentimentos que experimentei na minha relação com vocês.

– Um 'mea culpa', então – observou, divertido, Cléber.

– Não bem isso, Cléber, ainda que toda a autocrítica possa ser interpretada como uma admissão de culpa. Mas não gosto muito dessa palavra. Culpa só faz sofrer quem a experimenta, não desencadeia mudanças nem resolve problemas. Diria que é antes um modo de me utilizar – observou Teófilo, apontando para o próprio peito – como recurso pedagógico ou instrumento para promover transformações nas relações interpessoais entre todos. Quem sabe, ao admitir minhas falhas e me posicionar de forma mais autêntica e espontânea, possa convidá-los a experimentar essa via para acionar novas posturas, que permitam reduzir a animosidade reinante.

— Pois qual é então a confissão, doutor? – interveio, mais uma vez, Cléber, com ironia, mas sem hostilidade.

— Estive a competir com o Dr. Arquimedes pela liderança neste grupo. Ele efetivamente é o líder de vocês, mas não neste espaço. Aqui tenho que exercer minha autoridade e liderança para avançarmos. Por submissão aos hábitos e tradições da casa e para não confrontar seu líder, de início aceitei fazer as reuniões em torno da mesa do Conselho, deixando que o Dr. Arquimedes conduzisse os trabalhos ocupando a cabeceira. Isso me gerou desconforto, assim como me desagradou a resistência em aceitarem dispor as cadeiras na sala da forma que julgo mais adequada à realização de meu trabalho. Por fim, ainda agora, ao ouvir mencionarem os valores que teriam que disponibilizar para pagar meus honorários e percebendo, por outro lado, a insatisfação com os resultados esperados, me senti inseguro e em dúvida se aceitariam a proposta que tenho a intenção de lhes fazer.

Todos se entreolharam, com expressões que denunciavam tanto surpresa pela atitude do coordenador como curiosidade sobre o que este pensava propor-lhes.

— Entendo que para uma situação de crise institucional e acirramento dos ânimos entre os sócios, como tenho presenciado nesses encontros, uma reunião semanal seja insuficiente para levarmos a bom termo a consultoria. Penso que precisem de uma imersão nas suas questões relacionais, algo como um laboratório de relações interpessoais, o que demandaria estarem juntos por um tempo bem maior do que o possibilitado por encontros de uma ou duas horas. Proponho, então, que disponibilizem um fim de semana, para nos reunirmos num lugar aprazível fora da cidade, descontaminado desse clima tenso que se foi instalando no seu ambiente de trabalho. Por exemplo, um hotel-fazenda, dos que existem em torno de nossa cidade. O que acham?

– Eu topo! – exclamou Sônia.

– Do jeito que as coisas estão, por mais louca que a ideia possa me parecer, acho que dá para tentar – acrescentou Cléber.

– Bem, é uma possibilidade. Mas temos que refletir melhor – atalhou o Dr. Arquimedes, por um lado desejoso de reconciliar-se com Teófilo e colaborar para seu bom êxito, mas por outro preso a seu conservadorismo e aversão a novidades.

-- Podemos levar nossos familiares? – indagou Artur.

-- Sim, é claro – respondeu Teófilo – não vamos estar reunidos todo o tempo e os que desejarem podem aproveitar a ocasião e desfrutar com a família o fim de semana num hotel fazenda.

Enquanto os demais conselheiros começaram a debater entre si a inesperada proposta e a fazer conjeturas sobre a melhor maneira de levá-la a cabo, Márcio e Minerva, alegando compromissos prioritários, saíram apressados em direções opostas.

Teófilo se dispôs a ficar com o restante do grupo até o final do horário, para responder a dúvidas quanto aos propósitos e exequibilidade do plano. Acabaram por escolher data e local para a referida imersão: o segundo fim de semana a partir daquele dia, num hotel-fazenda distante 60 km da cidade.

Sônia ainda comentou com Artur em voz baixa:

– Sabe o que me agrada no Teófilo e que acho seu maior mérito? É essa capacidade que tem de reformular suas ideias e atitudes, não ser dogmático e saber escutar a todos indiscriminadamente. Também é um sujeito criativo: olha só essa ideia inovadora que nos propôs. Acha que vai dar certo?

– Penso que sim, Sônia. Ele parece muito seguro no que diz. E concordo contigo sobre suas qualidades como profissional. Além de que, como ser humano, parece ter uma virtude tão rara quanto desejável: o respeito ao próximo e às opiniões e sentimentos alheios.

Dr. Arquimedes, embora mantendo sua atitude cautelosa, não opôs maior resistência, nem conseguiu mais conter o entusiasmo e a curiosidade da maior parte do grupo em participar do que Teófilo denominara "laboratório de relações interpessoais". O que predispusera os conselheiros a aceitar animadamente a proposta fora, sobretudo, a perspectiva de realizar o tal laboratório num ambiente de lazer, sem sacrificar a convivência de fim de semana com a família.

Teófilo, por sua vez, voltara a experimentar aquele sentimento de triunfo que sentira ao sair da reunião anterior e não pôde deixar de recriminar-se: *"Afinal, o Dr. Arquimedes até viera em sua ajuda com os provérbios latinos, a reforçar a ideia que desejava transmitir ao grupo. Por que agora essa sensação de haver vencido outro 'round' e o desejo de vê-lo beijar a lona, subjugado de vez? Seria assim tão competitivo?"*

Enquanto dirigia o carro em direção a casa, um só pensamento lhe ocupava a mente: *"Meu Deus (Ah! Como precisava ouvi-lo neste momento!), será que vou conseguir segurar esta barra?"* O que havia proposto era, sem dúvida, uma quebra de paradigmas em consultoria a organizações. Até então só soubera da realização de maratonas de fim de semana, onde o foco eram as exaustivas competições físicas e jogos entre os participantes, entremeados de aleatórios exercícios de dinâmicas de grupo e vivências catárticas. Todos voltavam para casa expurgados de suas tensões do momento e, na segunda-feira, retornavam ao trabalho, para em pouco tempo estarem reproduzindo os mesmos comportamentos nocivos a si mesmos e à organização. Não conseguiam quebrar os estereótipos competitivos do trabalho em equipe, norteados pelo princípio de que, para você triunfar, alguém terá que ser derrotado. Será que o Laboratório conseguiria mudar este clima retaliativo que se instalara no dia a dia do Hospital de Clínicas da Comunidade Ecumênica dos Paraísos?

Teófilo girou a maçaneta e entrou em casa com aquele pensamento de Confúcio obsessivamente grudando-se à sua mente: *"Se a saída é pela porta da frente, por que será que não a utilizamos?"*

O DIABO ENTRA EM CENA

A tarde caía rapidamente, e Teo queria aproveitar aquele resto de dia para dar sua costumeira caminhada à beira mar e refletir sobre o que se passara na reunião do Conselho Deliberativo do Hospital. Chegando em casa, trocou a camisa, a calça social e os sapatos pela bermuda, a camiseta regata e as sandálias. Geralmente, só essa troca de roupa já era suficiente para mudar seu estado de espírito e descontraí-lo. Mas nesse dia não. Uma ideia obsessiva continuava a perturbar-lhe: *"Será que vou conseguir mudar o padrão de comportamento interpessoal de um grupo tão resistente?"*

Um novo temporal se prenunciava, escurecendo o céu e antecipando a noite. As rajadas de vento encapelavam as ondas, e o mar mostrava-se agitado, tal qual a mente de Teo que, sentado à sua pedra filosofal, experimentava uma sensação de angústia persistente. Estava tão inquieto que, ao levantar-se para apanhar uma concha junto a seus pés, cabeceou a quina do rochedo. Sentiu-se tonto e deixou-se ficar deitado na areia.

– Olá, meu caro, o que te perturba o espírito? Serão artes de meu anjo caído, que hoje veio dividir comigo tuas atenções? – indagou Deus.

Um grunhido assinalou a presença de mais alguém.

– Quem é? – gemeu Teo, sem poder identificar quem estava ali também e ainda imerso no estado de confusão em que a pancada na cabeça o deixara.

– Sou o Inominado – respondeu o estranho –, aquele cujo nome todos evitam pronunciar, porque temem que só de fazê-lo já se tornem por mim possuídos; e que por tal razão trataram de me camuflar sob uma infinidade de alcunhas: Mefistófeles, Belzebu, Satanás, Tinhoso, Capeta, Lúcifer, Rabudo, Chifrudo, Demônio – mas o Velho aí me conhece por Diabo, desde tempos imemoriais.

– E por que veio meter sua colher nas conversas tão proveitosas que ando tendo com Deus?

– Bem se vê que és um ignorante no que se refere ao que se passa no mundo sobrenatural. E pode lá o Diabo deixar Deus conversar à vontade com Suas criaturas sem se intrometer?

– Assim como os humanos se entretêm com jogos de salão, nosso passatempo é a antiga disputa pela conquista das almas humanas. É...

– ... um interminável jogo de xadrez, que conforme as peças vão se renovando nunca chega ao fim – interpôs-se o Diabo, interrompendo a frase de Deus. – O Velho aí está sempre correndo para recuperar o terreno perdido, pois nos primeiros movimentos saio em vantagem. Os seres humanos, na sua mocidade, nunca estão muito preocupados com o que será de suas vidas quando cheguem ao final e então mordem o fruto dos prazeres proibidos que lhes ofereço.

– Reis, rainhas ou simples peões cedem às artimanhas de meu parceiro, e tenho que recuperá-los ao longo dos movimentos no tabuleiro da vida – observou Deus.

– Presumo que seja um simples peão que estejam a disputar nesse momento, não? – sugeriu Teo, antecipando-se à nova intervenção do Diabo, que entrementes fungava e assobiava com maus modos.

– Decerto – respondeu o Diabo antes que Deus o fizesse.

– Mas, como meu adversário há de constatar, desta feita estou em vantagem, pois...

– Afirmo que não – interrompeu, com rispidez, o Diabo, soltando baforadas de enxofre – e já vou justificar o porquê de minha afirmação. Os pecados são os padrões de medida de meus avanços. Nosso amigo aqui já incidiu em pelo menos três deles: a inveja, a ira e a soberba. Lamentou não ter a idade de seu filho para gozar todos os prazeres que os jovens têm hoje a seu dispor; mostrou-se irado durante a discussão que teve com a esposa; e experimentou um regozijo presunçoso quando se impôs ao decano ao final da última reunião de consultoria.

– Recaídas fazem parte do processo, meu caro. Teo não será exceção à regra. Nem mesmo tu, meu anjo extraviado. Ainda conto com teu regresso ao rebanho – replicou Deus, alisando a longa barba e sorrindo benevolente, o que provocou a cólera do Diabo.

– Salve Criador! Não é de admirar que tenhas soprado o alento da prepotência nas Tuas criaturas! Mas, como rei dessa raça pecadora e execrável que lançaste aos infernos por haver desprezado Teu perdão, sou tão soberano quanto Tu – rugiu furibundo o Diabo – e não me apetece voltar a ser Teu súdito quando posso ser majestade.

– Não é para tanto tua revolta, meu caro Diabo. Se ainda almejo te ver entre os meus é porque tenho apreço por ti – retrucou Deus, complacente.

– E tu, meu insignificante atomozinho humano, que do pó vieste e ao pó um dia retornarás, não queres me acompanhar num périplo pelo mundo dos prazeres, sem permitir que te coloquem sob o jugo da culpa? Aposto que te atraem as benesses que o poder oferece – asseverou o Diabo, dirigindo-se a Teo e evitando corresponder ao tom indulgente do Senhor.

– O poder que busco é o do conhecimento, não aquele de me impor a meus semelhantes.

– Igualzinho a Fausto – murmurou, rindo à socapa o Diabo. – Há um preço a se pagar por todo o poder que se conquista. E não existe poder buscado que não desperte rivalidades e acabe por exacerbar ânimos em confrontos e disputas. Vais te tornar presa fácil para minhas garras.

– Fausto acabou por arrepender-se e engrossou minhas fileiras – lembrou Deus.

– Uma vitória de Pirro, divino mestre do caos! Ganha-se a batalha, mas pode perder-se a guerra, não te esqueças – disse, em tom zombeteiro o Diabo.

– Enquanto vocês me disputam, vou tratar de seguir meu caminho, ouvindo a voz de minha consciência – declarou Teo, para esquivar-se daquele duelo de gigantes em que era como o marisco entre o mar e o rochedo.

Voltando-se para Deus, o Diabo vaticinou:

– Aposto que esse serzinho pretensioso não resistirá à sedução do Poder. Nada há que fascine tanto aos mortais como sentirem-se poderosos. Por isso mesmo os que foram destituídos de Poder na vida terrena disputam a glória de estar ao lado do Todo Poderoso depois da morte. Se não posso ter poder, que o usufrua por estar ao lado de quem o detém – não é essa uma regra básica do código comportamental dos humanos?

– O poder sob a ótica do Bem é um meio, nunca um fim, minha ovelha tresmalhada do rebanho. Se os humanos o transformaram em um fim foi sob tua inspiração, ó filho das trevas.

O Diabo bem sabia que quando Deus assim se referia a ele era com o intuito de provocá-lo. *"Até Deus não resiste à tentação de provocar Seu oponente",* pensou ele, exultante ao flagrar uma fraqueza do rival.

– Pois seja, então, por minha esperta iniciativa. Essa é a isca mais eficaz que possuo para fisgar as almas que tenho que cativar. O Poder pelo Poder submete tanto quem o exerce quanto aqueles sobre os quais é exercido. Quem busca o Poder como um fim torna-se escravo dele e presa fácil para meus propósitos.

– Os sábios, contudo, o empregam como um meio para disseminar o conhecimento e catalisar o bem comum – ponderou Deus, já disposto a interromper aquela altercação que não levaria a lugar nenhum. Sabia, antes por ser velho e experiente que por ser sábio, que contendores com opiniões antagônicas nunca chegam a acordos.

– Não há uma verdade única sobre o que for – disse Deus, dirigindo-se agora a Teo. – Terás que conviver com as contradições que o mundo te ofereça. Com o Deus e o Diabo que tragas dentro de ti, cada qual com seus argumentos. Bem, vamos continuar a conversa noutro dia, pois é chegada a hora de minha sesta – arrematou Deus, esboçando Seu divino bocejo.

– Seja como for, sempre me é estimulante discutir com o Criador de todas as coisas – acrescentou o Diabo, com sua voz roufenha. Então se pôs a contemplar a veneranda figura com seu costumeiro ar de troça. Percebendo que Deus não conseguia conciliar o sono, deduziu que seu sorriso debochado de há pouco perturbara a sesta do Velho e divertiu-se com isso: *"Isso me dá um prazer 'diabólico', como só eu posso experimentar!"*

REUNIÃO DE FAMÍLIA

Sol e chuva mesclavam-se, tecendo um arco-íris sobre o contorno dos morros, enquanto a corrente de ar seco levava as nuvens em direção ao poente, limpando a atmosfera e prometendo um céu claro para receber a lua cheia naquela noite.

Isa não era o que se possa chamar uma mulher de prendas domésticas, mas gostava de cozinhar. Para o jantar que se avizinhava, resolvera preparar um prato que era do agrado dos três: costelas de carneiro assadas com molho "surpresa" e batatas gratinadas com creme à moda de Grenoble.

Isa sabia de antemão que pai e filho iriam, como de hábito, bisbilhotar a suas costas para saber que temperos estaria a colocar no tal molho e ela, também como de hábito, envidaria todos os esforços para que não descobrissem. O jogo de esconde-esconde costumava prolongar-se até o momento em que o prato era colocado à mesa. A brincadeira proporcionava invariavelmente momentos de alegre interação entre os três, lembrados por eles como dos melhores de sua convivência.

Teo e Isa haviam concordado que precisavam abordar com o filho seu crescente desinteresse pelo estudo e a provável desistência em fazer o vestibular. Nada melhor que esses momentos descontraídos em torno de uma atração gastronômica para encaminhar a conversa com Joca.

– Hortelã e curry, como de costume! – antecipou-se Joca, logo à primeira garfada.

– E mostarda de Dijon – complementou Teo, para em seguida provar as batatas 'au gratin' que lhe recordavam as semanas passadas em Grenoble, onde Isa fora fazer um curso de aperfeiçoamento na língua francesa antes de Joca nascer.

– Na mosca, querido! – disse Isa, piscando o olho para Teo, como a evocar a cumplicidade dos tempos de recém-casados.

Teo abriu uma garrafa de vinho tinto, um Malbec argentino, que bem harmonizava com o carneiro preparado por Isa, e deixou o líquido escorrer em dois cálices, enquanto Joca dirigia-se ao refrigerador para apanhar uma Coca-cola. Brindaram tocando os cálices na garrafa de refrigerante. Em seguida, Joca entornou o refrigerante pelo gargalo.

– 'Fines herbes', é claro! Noz moscada, azeite extravirgem... Calda de ameixas também? – arriscou

Joca, provocando o riso de Isa, acompanhado de um meneio de cabeça, sinalizando que não.

Teo olhou para Isa com ternura. Adorava vê-la mover assim a cabeça e sacudir seus longos cabelos alourados, espargindo ao redor o perfume suave do xampu com que acabara de lavá-los. Apertou-lhe a mão carinhosamente, o que não passou despercebido a Joca:

– De namoro os dois, é? Faz tempo que não vejo o velho com esse olhar de bode apaixonado e a coroa falar com ele com voz de cabra melosa.

– Tinha que nos avacalhar com essas comparações, não é?! Bode... cabra... Por que não dois pombinhos amorosos? – propôs Isa.

– Seria demais esperar isso de um adolescente! – comentou Teo.

Neste clima ameno e descontraído decorreu o restante do jantar até que, à sobremesa – creme de papaia com o Cassis importado da França e reservado para ocasiões especiais, como acentuou Teo –, o assunto veio à baila:

– Filho, não é para lhe torrar o saco, como você diz, mas queríamos falar com você sobre sua vida de estudante e a entrada na universidade – principiou Isa.

– Na boa! – prosseguiu Teo. – Nada de cobranças, apenas uma conversa entre pais e filho sobre o seu futuro.

– Já estava demorando muito para vocês virem com esse papo pra cima de mim – resmungou Joca, percebendo que caíra numa armadilha com aquele convite para, em vez de sanduíche ou pizza habituais, comer um rango especial preparado pela mãe. Afinal, não era aniversário de ninguém nem havia algo a comemorar!

– Joca, nenhum de nós está querendo forçá-lo a nada. Apenas ajudá-lo a encontrar um rumo na vida. Sentimos que está meio perdido e desmotivado e seríamos pais omissos se não nos importássemos com você, neste momento crítico da vida de qualquer jovem – argumentou Isa.

– Juram que vão escutar o que vou dizer, sem reações histéricas nem aquele blábláblá para me convencer que estão com a razão?

– Juramos! – responderam Teo e Isa em uníssono, provocando uma gargalhada de Joca.

– Ora vejam! Papai e mamãe hoje estão de acordo em tudo! – disse Joca, ainda rindo, para em seguida ficar sério e anunciar que tinha uma notícia bomba para eles.

– E qual é? – indagou Isa, apreensiva.

– Não vou mais fazer vestibular para ciências da computação, porra nenhuma! Vou é ser músico, como sempre quis! – desabafou Joca, para em seguida inspirar forte como quem vem à tona depois de um demorado mergulho.

– Mas a música não era apenas um *hobby* para você, meu filho? – perguntou Teo, com uma expressão que revelava antes perplexidade que aborrecimento com a declaração de Joca.

– Hobby era a informática, pai. O computador para mim nunca passou de uma máquina para me divertir: jogar video games, fazer downloads de músicas, bater papo com as garotas no Facebook, mandar mensagens com piadinhas sacanas para os amigos... Essas coisas todas. Jamais me imaginei tendo que trabalhar no computador, criar programas ou mexer em chips.

– Recomeçar agora na música de que maneira? Vai fazer vestibular para Belas Artes? Especializar-se em algum instrumento? Ou compor? – bombardeou Teo, ao mesmo tempo em que lançava um olhar angustiado em direção a Isa, que girava entre os dedos o cálice de vinho vazio, pensativa.

– Nada disso, velho. Música não se aprende na faculdade, mas tocando. Sacou?

– E vai se manter como?

– Sempre a mesma pergunta! Você não disse, pai, que é fazendo aquilo que se gosta que melhor se ganha dinheiro?

Teo calou-se, sentindo-se estocado por seus próprios argumentos.

Isa, que havia se mantido silenciosa durante a altercação entre pai e filho, interveio:

– Joca, isso não é apenas um capricho adolescente seu? Uma forma de ser diferente e seguir caminhos alternativos, que não coincidam com as profissões caretas que seus pais gostariam que escolhesse?

– E vocês, como decidiram o que fariam na vida? Assim, de cara, sem tremer nas bases? Não me venham com essa que não vou acreditar! Os pais de vocês concordaram com as escolhas que fizeram?

Duvido que o reacionário vô Aurélio ou o tirano vô João Carlos tenham aceitado numa boa as escolhas de vocês – provocou Joca.

Fez-se silêncio, e Isa e Teo entreolharam-se, cúmplices nas recordações que lhes vinham à mente. Isa foi quem falou primeiro:

– Eu sempre quis ser escritora. Pensei em fazer jornalismo, mas seu avô disse que com meu espírito rebelde, esquerdista e metida à revolucionária, ia só arranjar complicações na carreira, e sua avó, antiquada como sempre foi, fez coro com ele e acrescentou que não achava que fosse profissão para mulheres. Acabei cursando Letras, porque todos diziam que eu tinha facilidade com idiomas. Ao sair da faculdade apareceu uma oportunidade de fazer carreira acadêmica, e virei professora de curso superior. Mas na verdade nunca gostei de ensinar. Queria mesmo era escrever. Fiz minha dissertação de mestrado sobre as origens da língua que falamos no Brasil, a dissertação foi publicada e se tornou um livro de referência para meus colegas e alunos. Um sucesso! Mas sempre fiquei em dúvida se havia feito a escolha certa – concluiu Isa, num tom reflexivo, como se todo o tempo estivesse falando consigo mesma e não respondendo para Joca.

Teo, como quem emenda sua fala à de Isa, prosseguiu:

– Meu pai, como você sabe, queria me ver como herdeiro de seu escritório de advocacia e do seu prestígio também. Eu o contrariei, e ele nunca me perdoou por isso. Não ter um filho que o sucedesse e que ficasse com o legado de sua brilhante carreira deixou-o muito magoado. Pior que isso, foi uma ferida no seu narcisismo da qual nunca se recuperou. Como comentei com você noutro dia, ele era um sujeito muito vaidoso, arrogante, "se achava", sabe como é, não?

Teo fez uma pausa, perdido em recordações, o que levou Joca, curioso sobre o desfecho, a estimulá-lo a continuar:

– E aí, o que aconteceu?

– Bem – continuou Teo –, eu queria trabalhar com pessoas, mas não num escritório de advocacia defendendo causas. Queria entendê-las, ajudá-las e não julgá-las. Seu avô me queria um juiz, realizando um sonho que era dele. Aí fui fazer psicologia, para decepção de meu pai, machista empedernido, que dizia que aquilo era profissão para mulher. Aquela decisão de seu único filho parece tê-lo abatido tanto, que dali para diante foi aos poucos deixando de investir no projeto de fazer concurso para juiz e ser desembargador.

– Mas você não chegou a concluir seu curso de psicologia, não é pai?

– É verdade. A perspectiva de passar o resto de meus dias dentro das quatro paredes de um consultório também não me seduzia. Eu era muito inquieto: queria sair pelo mundo, fazer coisas grandes, ser um empresário se pudesse. Ingressei na Faculdade de Administração e Economia. Os dois cursos eram casados na época, mas como nunca tive muita intimidade com os números as disciplinas relacionadas com a economia me fizeram desistir depois de alguns semestres.

— E aí, o que você fez?

— Um amigo me convidou para ser sócio dele numa agência de publicidade. Dizia que, como eu era muito habilidoso em me relacionar com as pessoas e tinha conhecimentos de administração e psicologia, poderia ser um excelente relações públicas da agência. Aceitei, mas a parceria não durou muito. Logo vi que viraria mestre de cerimônias de coquetéis e ficaria bajulando empresários para conquistar suas contas. Quem sabe até teria que agenciar garotas de programa para agradá-los. Não era em definitivo minha praia. Resolvi, então, abrir uma empresa própria para assessorar departamentos de recursos humanos que estavam surgindo nas organizações industriais.

— Nunca chegou a concluir nenhum curso superior, não é mesmo, pai?

— Não. Dalí para cá resolvi me inscrever em cursos livres que pudessem me proporcionar atualizações em minha carreira *freelancer* de consultor: Empretec, Sebrae, treinamento para ser *coach*, psicodinâmica aplicada a negócios, dinâmica de grupos, capacitação para coordenar equipes de trabalho, e sei lá mais o quê.

— A mãe desistiu do curso que ela desejava fazer e se deu mal. Vive agora frustrada porque não é a escritora que poderia ser se tivesse cursado jornalismo. Com você, pai, o que aconteceu?

— Eu sou um cara de sucesso porque contrariei a vontade de meu pai e segui minha própria cabeça, se é isso que você quer escutar.

– Estava pensando se deveria ser um doutor em informática frustrado ou um músico sem diploma de bem com a vida – comentou, em tom irônico, Joca.

"Enquanto vocês ficam aí me aconselhando, vou tratar é de seguir meu caminho, com meu livre-arbítrio. É isso que Joca está querendo nos dizer", deduziu Teo, com a estranha sensação de já ter dito algo semelhante em outro contexto. *"Teria Joca, contudo, maturidade suficiente para decidir agora seu futuro profissional? Ou como eu, inevitavelmente daria suas cabeçadas até encontrar algo que satisfizesse suas inclinações vocacionais?"*

O LABORATÓRIO DE RELAÇÕES INTERPESSOAIS

Apesar de que o combinado fosse se dirigirem para o hotel, ao cair da tarde de sexta-feira, e só iniciarem as atividades do Laboratório no sábado pela manhã, Teófilo havia decidido antecipar-se e, aproveitando aquele esplendoroso dia primaveril, curtir a paisagem bucólica daqueles sessenta quilômetros de estrada rural e almoçar já no hotel fazenda. Assim teria tempo de escolher com vagar em que local se reuniriam e tomar as providências necessárias para o bom andamento dos trabalhos.

Isa decidira visitar a mãe viúva, que não via há tempos e que morava numa cidade próxima. Joca dissera que iria acampar com a galera numa praia das redondezas para surfar. Teo estava, pois, livre para concentrar-se por inteiro no Laboratório. Enquanto dirigia por aquela estradinha sinuosa, sem muito tráfego, ia pensando em sua ousada proposta para os conselheiros:

"É agora ou nunca! Duvido que tenham participado de uma experiência semelhante em suas vidas! Bem, para começar vou propor uma rodada de feedbacks pessoa a pessoa para turbinar as apresentações cruzadas que fizeram. O que será que vai acontecer quando Márcio e Minerva se encontrarem face a face para dizerem o que pensam um do outro? Mas os demais não vão ficar de expectadores do confronto entre os dois. Ah, isso não, com certeza! Todos terão que se manifestar".

Teófilo já nem prestava tanta atenção na paisagem, absorto que estava em revisar o que pretendia com cada etapa do Laboratório:

"Esses caras só dão crédito a quem revela a bagagem teórica que sustenta sua prática. Vou abrir janelas expositivas para mostrar o que sei sobre o assunto. Mas tenho que cuidar para não cansá-los. Teoria, sempre em doses homeopáticas. Os filmes ilustrativos ajudarão a quebrar a monotonia. E no exercício de interconsultoria, como será que se sairão? Quero que percebam que são todos tanto parte do problema quanto da solução. Acho que finalmente algo vai acontecer para tirá-los do marasmo!"

No embalo de suas reflexões, Teófilo acelerou fundo e quase colidiu com um animal que cruzava a estrada.

– Ufa! Só o que me faltava era atropelar este bezerro!

Refeito do susto, Teófilo logo chegou ao destino.

"O resto fica por conta dos imprevistos e estímulos que surgirem durante o Laboratório", foi seu último

pensamento, antes de solicitar a presença do gerente, que o acompanhou numa caminhada pelo parque que circundava o hotel.

– Algum problema? – indagou o gerente, percebendo o semblante tenso de Teófilo com a testa franzida e as sobrancelhas quase se tocando..

– Não. Nada além das preocupações naturais com a tarefa que tenho pela frente amanhã – respondeu Teófilo, procurando descontrair-se e espantar de seus pensamentos a figura do Dr. Arquimedes obstaculizando os trabalhos.

– O senhor quer conhecer algum lugar em particular? – perguntou o gerente.

– Acabo de achá-lo! – disse Teófilo, apontando para um quiosque ao ar livre, que vislumbrou ao saírem da área das piscinas.

Foram em direção ao mesmo, e Teófilo não escondia seu entusiasmo com o achado, para espanto do outro.

– Perfeito! Vamos ter um lindo dia amanhã e gostaria que dispusesse algumas cadeiras em semicírculo neste local, para nos reunirmos aqui. Vejo que temos sob este balcão uma tomada para conectar o equipamento multimídia. Será que me arranjam uma tela para projeção? Ou ao menos um lençol para estendermos nesta parede junto ao balcão?

– Claro, providenciaremos – respondeu o gerente. – Fora da temporada realizamos eventos no hotel e temos tudo o que precisar. Necessita também de caixas de som? Com licença, vou tratar disso já.

E saiu apressado, enquanto Teófilo continuou a caminhar em direção a um pequeno lago, explorando os arredores. Ia pensando que aquele sem dúvida era o sítio adequado para criar o clima que desejava para o encontro. Em lugar do ruído dos carros passando na rua, o dos pássaros ou de um cavalo relinchando ao longe. Nada de ar condicionado, mas sim a brisa de uma manhã de primavera ventilando o espaço. E olhar a natureza ao redor e não as vetustas paredes da sala do Conselho haveria de contribuir para apaziguar os ânimos. *"É a ambiência perfeita para começar a quebrar paradigmas e predispor os conselheiros a modificarem sua maneira de interagir"*, concluiu, satisfeito com a escolha que fizera.

Na manhã seguinte, tudo estava disposto como previra. Os membros do Conselho iam chegando e assumindo seus lugares, enquanto Teófilo se postou de costas para o telão, em frente às cadeiras.

– Hum... Vamos ter projeção de slides – comentou Cléber.

– E filminhos também – acrescentou Artur, reparando num estojo com DVDs ao lado do computador e projetor acoplados.

– Lá no corpo do hotel há tantas salas espaçosas. Por que nos reunirmos aqui fora? – indagou Gregório, apertando os lábios e franzindo a testa, com uma expressão contrafeita.

– Uma mudança radical de espaços para tentarmos uma mudança radical no clima das reuniões – contestou, sorrindo, Teófilo.

Gregório desatou a espirrar ininterruptamente.

– Febre do feno – diagnosticou Artur.

– Tenho uma rinite alérgica aos polens na primavera – informou Gregório, assoando-se –, queiram me desculpar. Acho que não vou poder participar do encontro.

E retirou-se, quase às carreiras, tropeçando no gerente que chegava para informar que um tal de Dr. Arquimedes acabara de ligar para a recepção do hotel, avisando que não viria porque estava com uma intoxicação alimentar.

"Outro que adoece para não participar", pensou Teófilo.

– Vocês não acham que deveríamos fazer a reunião dentro do hotel para que o Gregório pudesse participar? – interveio Raul.

– Só se ele vier e nos solicitar fazer a reunião lá dentro – objetou Cléber. – Quem sabe ele está querendo um pretexto para não tomar parte no Laboratório, com receio do que acontecerá aqui. Depois, vocês sabem que o Gregório, sem o Dr. Arquimedes, sente-se desprotegido.

– Concordo com Cléber – opinou Artur. – Além disso, estou curioso para ver o que sucede e gostaria de começar logo.

– Então, se estão todos prontos, vou lhes mostrar como seguir adiante no processo de se conhecerem melhor uns aos outros – começou Teófilo. – Trata-se de um exercício de 'feedback'.

– Mas em que consiste mesmo o *'feedback'*? – indagou Raul, pinçando repetidamente a pele do pescoço, hoje exposto pela gola de uma camisa esporte.

– Consiste em dizer a alguém que sentimentos suas atitudes despertam em você – respondeu Teófilo, surpreso que um termo já tão consagrado pelo uso pudesse não ser do conhecimento de todos. – Para isso, solicito que se distribuam em duas fileiras de três, sentando-se à frente um do outro. Uma fileira é a dos que inicialmente vão dar os 'feedbacks' e a outra a dos que vão receber. Depois vão intercambiar os papéis, e quem deu 'feedback' vai recebê-lo. Mais adiante, os componentes de uma mesma fileira vão dar 'feedbacks' entre si, de tal sorte que ao final do exercício todos devem ter dado e recebido 'feedback' de todos.

Enquanto os seis membros do Conselho presentes organizavam-se nas duas fileiras, conforme solicitado, Teófilo completou as instruções:

– Atenção que este é o segredo para que o exercício seja produtivo: em primeiro lugar vão expressar o que lhes agrada nas atitudes do colega e só depois o que desagrada. Lembrem que é apenas a sua percepção do outro que está sendo transmitida e não um juízo de valor. Isso deve ficar bem claro, tanto para quem dá como para quem recebe o 'feedback'. As frases nunca devem começar por "eu acho que você é assim ou assado", mas sempre por "me agrada quando você" ou "me desagrada quando você". Ou seja, a tônica é posta em como você se sente em relação à pessoa para quem dá o 'feedback'.

– O 'feedback' que dou é uma impressão pessoal que tenho do colega e que pode não coincidir com a que outros têm do mesmo colega. Estou certa, Teófilo?

– Certíssima, Sônia! E se vários de seus colegas têm a mesma percepção a seu respeito, isso é um convite para que reflita por que está causando a mesma impressão a todos.

– E quando apenas uma pessoa me vê de determinada maneira?

– Isso sugere que algo se passa especificamente na interação entre vocês e não lhe pertence isoladamente. Aí seria importante que conversassem a respeito, para esclarecer por que aquela pessoa e não outras a percebem com tal característica. Mais alguma dúvida, antes de começarmos o exercício?

Um não uníssono evidenciou que todos estavam prontos e ansiosos para dar continuidade aos conteúdos.

– Quem recebe o 'feedback' deve apenas escutá-lo, sem replicar ao final, limitando-se a agradecer o 'feedback' recebido. Mais adiante saberão o porquê disso – acrescentou Teófilo.

Durante a realização do exercício, Teófilo circulou entre os participantes, atento, sobretudo, ao que diziam, Márcio e Minerva, entre si. Escutou-a dizer que não via nada de positivo em Márcio, o qual, ao retribuir o 'feedback', comentou que lhe agradara a sinceridade, sem dúvida uma qualidade que reconhecia nela. Reparou que neste instante Minerva enrubesceu, baixando os olhos e evitando encarar Márcio.

Ao término do exercício, Teófilo indagou quem desejava comentar o que se passou e como sentiram-se com a experiência.

– Gostei das regras do jogo, pois dizer "como eu o vejo ou como me sinto" em lugar de "você é assim" evita rotular o outro – observou Cleber.

– E por que não podíamos rebater na hora a crítica que recebíamos? – perguntou Artur.

– Crítica? Por que tomarmos como crítica a impressão que causamos no outro? – enfatizou Teófilo.

Arthur não pareceu convencido.

– Formulando a pergunta de outra maneira: por que só podíamos escutar sem comentar o que nos diziam?

– Para que aprendam a escutar, a se dar um tempo de reflexão sobre o que lhe dizem e não entrar logo em confronto.

– É como contar até dez antes de dar uma resposta impensada – sugeriu Cléber.

– É isso – concordou Teófilo –, mas é algo mais. Alguém é capaz de dizer o quê?

– É para que se processe a digestão mental do que nos é dito, não é? Se vomitarmos logo, não aproveitamos o alimento que nos oferecem – arriscou Raul, utilizando-se de uma metáfora de sua prática como especialista em nutrição.

– Boa comparação, Raul – acentuou Teófilo, dirigindo-se agora a Márcio e Minerva, únicos que estavam calados até então.

– E vocês, podem nos dizer o que acharam do exercício de 'feedback'?

– Parece que tomamos mais cuidado em emitir uma opinião sobre alguém quando sabemos que ele não vai retrucar – ressaltou Márcio.

– Concordo! – corroborou Minerva.

– Aleluia! Até que enfim eles concordam em algo! – exclamou Cléber, gargalhando, o que provocou risos gerais, até por parte de Márcio e Minerva.

Animado com a reação favorável do grupo ao exercício proposto, Teófilo seguiu adiante:

– Agora vou lhes mostrar como vocês mesmos podem encaminhar a solução de seus problemas. Trata-se de outra ferramenta para abordar questões relacionais, denominada interconsultoria.

– Depois do que estou aprendendo neste Laboratório vou ter uma profissão alternativa: a de consultor de relações humanas – disse Cléber, com expressão zombeteira, contendo o riso.

– Vamos lá, então – continuou Teófilo, satisfeito com o clima descontraído que se estabelecia com o andamento das atividades. – Alguém, a quem vamos chamar de consultado, traz uma situação que o incomoda no grupo e escolhe um colega, o consultor, que não esteja envolvido na referida situação, para ajudá-lo a resolvê-la. Num primeiro momento – que vocês, médicos, chamariam de diagnóstico –, o consultado relata a situação e o consultor limita-se a fazer perguntas que o esclareçam sobre o que está perturbando o consultado na situação relatada. Num segundo momento – o da consultoria propriamente dita –, o consultor fará suas intervenções, que devem evitar o estereótipo "o que eu faria no seu lugar" para adotar o modelo questionador, dirigindo ao consultado perguntas do tipo: "o que você já fez para resolver o problema?"; ou "o que acha que ainda falta fazer para tentar resolver o problema?"; ou ainda "o que lhe parece que aconteceria se fizesse isso ou aquilo?" Entendido?

– E o seu papel qual será? – indagou Cléber a Teófilo.

– Apenas o de observar duas coisas: primeiro, se as informações dadas pelo consultado são suficientemente claras para a compreensão da situação e, segundo, se o consultor está fazendo perguntas ao consultado que o ajudem a esclarecer melhor o problema e encontrar soluções. Não vou fazer intervenções, a não ser sobre o andamento do processo. O resto é com vocês. E, ao final do exercício, todos serão convidados a dar sua contribuição à solução do problema apresentado pelo consultado. Está claro? Alguém se apresenta como consultado?

Sônia imediatamente apresentou-se.

– E a quem escolhe como consultor?

– Cléber.

– Por quê? – quis saber Teófilo.

– Acho que ele está suficientemente equidistante de mim e da pessoa que me desperta certo mal-estar no grupo para opinar.

– Mais uma vez, desejo enfatizar que não se trata de opinar e sim de conduzir o consultado a achar suas próprias saídas. Entendido, Cléber?

Cléber fez que sim com a cabeça, enquanto Teófilo colocou duas cadeiras de forma que Sônia e Cléber ficassem sentados frente a frente. Os demais em meia-lua a sua volta.

Após estarem todos acomodados, Sônia relatou:

– O que me incomoda neste grupo é meu relacionamento com Minerva. Ela está sempre a apontar que tomo o partido de Márcio contra ela. Não acho que ser a favor das ideias de Márcio seja estar contra a pessoa de Minerva, mas parece que ela vê assim. Sempre que me manifesto concordando com o ponto de vista dele, sinto que ela me olha com hostilidade. Também não perde oportunidade de criticar meu comportamento dentro e fora do grupo, como quando insinua que estou dando em cima de Márcio, um homem casado, se o convido para ir a minha casa para redigirmos o novo protocolo do setor de clínicas, que está ao nosso encargo. Fiz o convite na presença dos demais, sem outra intenção do que acelerar uma tarefa que estava em atraso, e me sinto injustiçada com seus comentários maldosos.

– O que você já fez para mudar essa situação? – indagou Cléber, seguindo as orientações de Teófilo.

– Quando o clima ainda não estava tão pesado entre nós, certo dia a convidei para almoçar após a reunião do Conselho, procurando ser simpática, mas ela não aceitou, com uma desculpa qualquer. Depois disso me retraí. Não sabia como me aproximar para quebrar o gelo entre nós.

– E o que acha que pode ainda fazer para melhorar esse relacionamento? – perguntou Cléber, limitando-se a repetir as sugestões de Teo.

– Não sei. Para isso quero sua ajuda, senhor consultor.

– Já lhe ocorreu que esse mau relacionamento entre as duas pode ter a ver com uma questão de gênero? – arriscou Cléber.

– Como assim?

– Bem, sendo as duas as únicas mulheres do grupo, não estarão competindo pelos machos da tribo? – sugeriu Cléber, soltando uma gargalhada, para em seguida assumir um ar sério e se desculpar, dizendo que estava nervoso com aquele papel e quando ficava ansioso apelava para brincadeiras para se descontrair.

Teófilo percebeu que Minerva estava lívida, como que petrificada em sua cadeira, enquanto se desenrolava a conversa.

– Certamente não estamos competindo pelos machos da tribo, Cléber, mas o que você disse fez algum sentido para mim – observou Sônia, pensativa. – Em casa éramos duas irmãs e ambas disputávamos as atenções do pai. Sandra, minha irmã, usava o expediente de seduzi-lo com seus agrados; já eu tentava agradá-lo com meu desempenho escolar e interesses culturais, que sabia serem valorizados por ele. Acabei me tornando a herdeira de sua vocação médica, seguindo sua carreira.

– E o que isto teria a ver com a relação com Minerva? – indagou Cléber, intrigado.

– Estava pensando que Minerva sabe cativar melhor o Dr. Arquimedes do que eu, que procuro me destacar diante dele por meu desempenho profissional. E isso deve irritá-la, como irritava minha irmã.

Por outro lado, eu talvez a provoque com minhas conversas com Márcio, como fazia com minha irmã, quando passava horas conversando com papai sobre meus projetos futuros como médica.

– Isso que disse, Sônia, talvez lhe traga alguma nova ideia de como resolver seu impasse na relação com Minerva – palpitou Cléber.

– Sei que Minerva teve uma vida familiar difícil, ficando órfã de mãe e tendo que muito jovem cuidar de irmãs menores. Imagino até que isso tenha despertado sua vocação de cuidadora, para seguir depois a carreira médica. Gostaria de conversar com ela sobre nossas vidas nas famílias de origem. Quem sabe aí encontramos algo que explique o que se passa conosco agora. Mas, como nos mostrou Teófilo, não se pode jogar par ou ímpar sozinho, não é Cléber? Precisaria da concordância dela.

Teófilo olhou em direção a Minerva e notou que ela já não estava tão contraída como há pouco e sentiu que seria receptiva ao que iria propor.

– Minerva e Sônia, que lhes parece hoje, após o almoço, saírem a caminhar pelo parque que rodeia o hotel para uma boa conversa de irmãs?

Sônia olhou interrogativamente para Minerva, que assentiu com a cabeça, esboçando um sorriso.

Cléber levantou-se de sua cadeira e se dirigiu a Sônia e Minerva, cumprimentando-as e agradecendo-lhes o êxito de sua primeira consultoria, o que provocou risadas gerais.

– Agora vou apresentar a vocês um conceito que, tenho certeza, vai se incorporar a seus vocabulários e a suas vidas daqui em diante – anunciou Teófilo.

Enquanto procedia à apresentação em 'power point' do material preparado para esta primeira janela expositiva, Teófilo ia fazendo comentários sobre o que chamou a "metáfora do lixo psíquico".

– Lixo psíquico é tudo aquilo que é reprimido, não expresso ou acumulado sob a forma de ressentimentos, angústias e frustrações e que irá poluir nossa relação com os outros e intoxicar nossa mente – foi explicando didaticamente Teófilo. – Em outras palavras, refere-se ao estresse que se acumula nas relações entre as pessoas. Assim como ocorre com a natureza em relação ao lixo que nela depositamos, temos a possibilidade de absorver e metabolizar certa quantidade de lixo psíquico que acumulamos no desempenho de nossas atividades. Uma boa noite de sono é muitas vezes suficiente para dar conta da digestão desse lixo psíquico. Mas há parte dele que se acumula em nossas mentes além do que podemos digerir. E aí precisamos reciclá-lo, tal qual temos que fazer com o excesso de lixo que polui o meio ambiente e que a natureza não dá conta de eliminar.

– O acúmulo desse lixo psíquico pode ocorrer na vida doméstica além de nas relações no trabalho? – quis saber Raul.

– Certamente! O importante é não transportar o lixo para fora do local onde se originou e tratar de reciclá-lo ali mesmo. Aborrecer-se no local de trabalho e descarregar a irritação em casa, não lhes soa familiar? Seria como despejar um caminhão de lixo hospitalar em nosso pomar. A recíproca é verdadeira: o lixo psíquico acumulado entre cônjuges ou entre esses e seus filhos não deve contaminar nosso espaço profissional.

– Bem, mas como reciclar este lixo psíquico? – perguntou Artur.

– Uma das maneiras é através de exercícios como o que acabamos de realizar: a interconsultoria.

Em sequência, todos trouxeram exemplos pessoais de acúmulo de lixo psíquico – denominação que, conforme previra Teófilo, passaram a utilizar para nomear os estresses gerados nos conflitos interpessoais – e descobriram que, em geral, evitavam se ocupar dele em lugar de tentar reciclá-lo.

A manhã transcorreu célere, e o almoço se constituiu num animado momento de comentários sobre o que havia se passado e as expectativas criadas com o que aconteceria à tarde.

Os trabalhos foram retomados com o convite para que Sônia e Minerva contassem ao grupo os resultados de sua caminhada.

– Foi realmente muito útil para esclarecermos o que nos afastou na convivência dentro do Hospital – comentou Minerva, tomando a iniciativa e espantando Teófilo com o tom ao mesmo tempo firme e descontraído com que fez a observação.

– Certamente não vamos sair por aí aos beijos e abraços – acrescentou Sônia –, mas nos demos conta de que, sendo colegas não precisamos ser necessariamente amigas, o que é preciso é nos respeitarmos mutuamente.

– Falar sobre nossas famílias sem dúvida ajudou a nos aproximar. E para nossa surpresa, descobrimos mais coisas em comum do que poderíamos supor, embora também confirmássemos como somos diferentes uma da outra – concluiu Minerva.

– Seguimos adiante, então? Agora vou propor um teste que compara o rendimento do trabalho individual com o realizado pelo grupo – comunicou Teo. – Garanto-lhes que posso prever o resultado. Querem ver? Vou escrevê-lo nesta folha, que mostrarei a vocês depois.

Teófilo anotou: "A competência grupal é maior do que a individual na realização de uma determinada tarefa". E estava convicto de que mais uma vez isso se confirmaria ao término do exercício, como as dezenas de vezes em que o havia proposto anteriormente.

A tarefa designada foi realizada pelos participantes do grupo em duas etapas, uma individual e outra coletiva, e, ao final, quando os resultados foram comparados, não deu outra: confirmou-se o que Teófilo registrara na folha de papel que agora mostrou a todos, provocando um "oh" geral de surpresa.

– Mas como você tinha certeza que isso ocorreria aqui conosco? – indagou Raul.

– Um velho ditado diz que "várias cabeças pensam melhor do que uma", e vocês acabam de ter a confirmação disso. Mas, como somos estimulados desde pequeninos a competir antes que a cooperar, vamos perdendo contato com a sabedoria contida nesse ditado. Robustecemos, assim, a ideia de que para triunfarmos alguém tem que ser derrotado. Não nos damos conta de que é mais provável que alcancemos nossos objetivos pessoais cooperando do que competindo.

– Quer dizer que cada um de nós pode estar mais perto de sua realização pessoal cooperando do que competindo?! – procurou reassegurar-se Artur, olhando significativamente para Márcio e Minerva.

– É isso aí, Artur – confirmou Teófilo. – E também subestimamos o quão longe podemos ir unindo nossos esforços aos do grupo.

– Não é por acaso que hoje se está gradativamente dando maior importância à interdisciplinaridade e às parcerias entre profissionais com competências distintas nas instituições em geral – comentou Márcio.

– Estava dizendo a Sônia – observou Minerva, percebendo que depois da intervenção de Márcio só ela estava à margem da conversação estabelecida – que nós, como as crianças em geral, fomos educadas pelo assinalamento de nossos erros e não dos acertos. Para tudo que fazemos de errado sempre há uma repreensão, mas agirmos certo não é mais que obrigação. Recebemos sempre mais críticas do que elogios, primeiro em casa e depois na escola.

– O problema é que levamos isso para a vida adulta – complementou Sônia –, e aí estamos sempre a apontar o dedo para o que consideramos os erros de nossos colegas, mas nunca a conotar positivamente seus acertos.

– Aí as relações humanas e a qualidade de vida no ambiente de trabalho pioram consideravelmente – refletiu Cléber.

– Vocês estão antecipando com seus comentários o tema da próxima janela expositiva que preparei e que se refere ao conceito de competência relacional. O que é a competência relacional, senão a habilidade em se por na pele do interlocutor e imaginar como ele vai reagir ao que pretendemos lhe dizer? Ou, falando de outra maneira, perceber antecipadamente como o outro irá se sentir com os conteúdos de nossa fala e tomarmos os cuidados devidos na forma como os expressamos, para não melindrá-lo?

Teófilo introduziu a seguir outra rodada de slides, para continuar apresentando os fundamentos teóricos que servem de alicerce aos objetivos do Laboratório. Focou, desta feita, a questão da competência relacional e suas relações com o exercício da autoridade e funções de liderança. Quando pareceu a Teófilo que estavam cansados com tantas informações, resolveu exibir o fragmento de um filme ilustrativo, sobre como desempenhar um papel de líder com a necessária competência relacional.

Depois do intervalo para lanche, Teófilo indagou a Márcio e Minerva se estariam dispostos a uma sessão de mediação de seus conflitos, conduzida por ele na presença silenciosa dos demais, que teriam que deixar seus comentários para serem feitos ao final.

Minerva, mostrando-se amuada e olhando com expressão de raiva para Márcio, disse que não se sentia inclinada a repetir com ele o que fizera com Sônia. Márcio, devolvendo à Márcia um olhar igualmente hostil, também não parecia disposto a interagir com Minerva naquele momento.

Teófilo propôs, então, que deixassem para a próxima reunião, no Hospital, as questões pendentes entre Márcio e Minerva. . *"Os personagens e não o autor conduzem a narrativa"*, recordou Teo.

Retomando o tema do 'feedback' para enfatizar sua importância, Teófilo exibiu outro pequeno filme sobre como essa técnica pode ampliar nossas competências relacionais e melhorar a qualidade das relações pessoais nas instituições em geral. Ao final da exibição do filme, entregou aos presentes um questionário como dever de casa, a ser efetuado até o próximo encontro. Tratava-se de um exercício dirigido ao exame, por parte de cada um, do modo como se conduzia em suas relações interpessoais, sobretudo como manejava as situações de relacionamentos insatisfatórios ou conflituosos.

Depois disso, Teófilo despediu-se do grupo, desejando-lhes que usufruíssem o restante do fim de semana naquele hotel-fazenda e lembrando que se encontrariam novamente na segunda-feira, na reunião programada com o Conselho.

Já anoitecia quando Teófilo girou a chave na fechadura da porta de casa, antegozando os momentos a sós que teria à noite e no dia seguinte para refletir sobre o que acontecera no Laboratório e colocar as ideias em ordem.

– Janta rápida e logo para cama, que estou exausto! – exclamou em voz alta, como que falando para um interlocutor imaginário.

Dito e feito. Tão logo afundou a cabeça no travesseiro caiu num sono profundo. Sonhou que o

Dr. Arquimedes o cumprimentava pelo êxito que tivera num concurso para professor titular da disciplina de Desenvolvimento Interpessoal.

Quando despertou no dia seguinte, o primeiro pensamento que lhe ocorreu foi: *"O trabalho para melhorar as relações interpessoais nunca finda; sempre há mais e mais por fazer. Ou, como diria minha avó, assim que a gente tira o pó dos móveis ele já está se acumulando de novo e, por isso, é um serviço para ser repetido todos os dias. E agora, como fazer para que os recursos apreendidos sejam postos em prática dia após dia, sem deixar a peteca cair e ter que começar o jogo de novo?"* Mal o sol raiara e já se encontrava de bermudas e pés descalços, sentado em sua pedra filosofal, mãos apoiadas no queixo feito a estátua do pensador de Rodin, o olhar perdido nas lonjuras do mar, quando sentiu outra vez a presença do sobrenatural em seus devaneios.

DEUS E O DIABO SE ENTENDEM

— Vocês aqui outra vez — foi dizendo Teo, ao perceber que estavam com ele novamente Deus e o Diabo.

— E como sempre competindo pela alma dos mortais — grunhiu o Diabo, com sua voz roufenha. — O Velho aí teve que interromper nossa discussão pretextando ser a hora de Sua sesta, só para não admitir que estivesse sendo derrotado. Bem feito! Não conseguiu dormir sossegado — emendou, com um riso estertoroso.

— Engano seu, meu caro. Competir não é da minha natureza — disse Deus.

— Então pouco se Lhe dá se as criaturas ficam ao lado do Diabo? — perguntou, intrigado, Teo.

— O livre-arbítrio, de que tanto lhe falei, é soberano. Apresentamos os caminhos e a escolha é livre.

Faço meu trabalho o melhor possível e respeito as decisões de minhas criaturas.

– Suas criaturas? Desde quando? – vociferou o Diabo.

– Maneira de dizer – suspirou Deus, pensando como era difícil falar com alguém sempre na defensiva, como o Diabo. Dirigindo-se a Teo: – Por que vou me estressar com a contabilidade das almas? Ademais, seria mesquinho de minha parte reivindicar triunfos.

Teo riu-se, imaginando como seria um Deus estressado, para em seguida dar-se conta de que Suas observações tinham tudo a ver com o que ele havia experimentado na consultoria. Realizava seu trabalho o melhor possível, mas se iam aproveitá-lo ou não, cabia aos participantes a decisão: era o tal do livre-arbítrio. Doravante procuraria levar em conta o que Deus recém dissera. No entanto, como saber se estava no rumo certo, senão pelos resultados?

– Mas Deus, não são os triunfos que atestam a competência do que se faz?

– Claro que são – interveio o Diabo com maus modos.

– Resultados não são o mesmo que triunfos, meu jovem – continuou Deus, dirigindo-se a Teo e ignorando a interrupção. – Triunfos são para disputas. E não se trata disso quando procuramos realizar com eficiência nossos misteres. Os resultados devem ser a consequência natural dos esforços com que nos empenhamos e da adequação de nossos propósitos.

– Ou das mudanças que provocamos e que melhoram a qualidade de vida daqueles a quem se destinam – acrescentou Teo, pensando nos efeitos obtidos com o Laboratório para os conselheiros do Hospital Ecumênico da Comunidade dos Paraísos e notando que Deus também usava o "nós", se incluindo, como Sônia assinalara que ele, Teófilo, fazia em relação ao grupo dos conselheiros.

– Ora, ora – rezingou o Diabo –, estás querendo desprezar a cereja do bolo. Que sensação melhor do que a vitória sobre um oponente ao cabo de uma tarefa com que nos ocupamos?

– Essa sensação a que te referes, meu anjo caído, nada mais é do que expressão do pecado da soberba – sentenciou Deus.

– Pecado! Lá vens Tu com Tua arenga moralista – retrucou o Diabo, rangendo os dentes.

– Estava aqui pensando – comentou Teo – que ambos, Deus e o Diabo, representam a essência da condição humana. O Bem não existe sem o Mal. E um justifica a existência do outro. Que monotonia seria a vida sem este contraponto.

– Se o Mal triunfa e o Bem se acaba, a quem mais posso dominar? – refletiu o Diabo, parecendo deprimir-se.

– Como justificarei minha existência num mundo sem o Mal? – emendou Deus.

– Seremos então inevitavelmente um e o outro até o fim dos tempos? – cogitou o Diabo.

– Ou um com o outro, como diria o amigo que me ensinou que não se pode jogar par ou ímpar sem um parceiro – acrescentou Teo.

– O Todo Poderoso e o Anjo Caído unidos para todo o sempre – exclamou o Diabo, divertido, soltando bafinhos de enxofre.

– Talvez não se trate mesmo de uma disputa entre o Bem e o Mal, mas sim de terminar com esse maniqueísmo e admitir que o bem e o mal são atributos da condição humana. Não há, portanto, indivíduos que sejam inteiramente bons ou maus.

– Isso me remete a um de meus personagens, herr Freud, o criador da psicanálise – rememorou Deus –, que dizia que os seres humanos nascem com instintos agressivos e amorosos e a predominância de um ou outro é que vai determinar o caráter do indivíduo.

– Mas os instintos agressivos nem sempre são destrutivos – observou Teo. – Freud também dizia que podem estar a serviço da vida quando, por exemplo, servem a propósitos de proteger o indivíduo ou sua espécie.

– Não concordo com esse senhor Freud – retrucou o Diabo. – A agressão está sempre a serviço da destruição. É minha presença no seio das criaturas.

– Que seja! – concordou pacientemente Deus. – Mas ainda citando meu personagem, lembro-me de ouvi-lo dizer que só os impulsos amorosos podem mitigar os agressivos e que devemos, pois, tratar de estimulá-los.

– Já voltam os senhores a discordar – intercedeu Teo. – Será que nunca vão entrar em acordo?

"Mais fácil fazer que Márcio e Minerva se entendam do que esses dois", não pôde deixar de pensar Teo a esta altura. *"Nunca me ocorreria ter que mediar conflitos*

entre Deus e o Diabo. Mas vá lá, como Deus dizia, que faça eu o melhor que possa minha tarefa".

Como se lendo os pensamentos de Teo, onisciente que era, Deus comentou:

– Pois já vês qual é a essência de tua missão, Teo. Promover o entendimento entre aqueles que discordam.

– E quem disse que quero me entender com o Velho? – protestou mal-humorado o Diabo.

– Toda boa mediação começa com os pontos em que ambos concordam. Depois vamos aos discordantes. Vejamos, em que são capazes de se porem de acordo?

– Que precisamos um do outro? Quanto mais não seja para nos distrairmos com nosso joguinho de xadrez, movendo as peças no tabuleiro do destino – palpitou o Diabo.

– Nada a opor quanto a isso – admitiu Deus.

– Bem, se concordam quanto a essa premissa básica, quem sabe podem deixar ao livre-arbítrio das criaturas a decisão sobre o que lhes convém e tratarem os dois de suas respectivas aposentadorias, a fim de que a eternidade lhes reserve apenas a missão de se entreterem mutuamente.

– Ora, ora, meu caro vermesinho que a terra há de comer e sugar direto para meus domínios, não me diga que tem a pretensão de acabar com a contenda que nos entretém pela eternidade afora e, ainda mais, transformar nosso embate de gigantes numa simples rivalidade de um joguinho de compadres.

Deus riu-se lá com suas entranhas cósmicas, divertido com a saia justa em que o Diabo colocara Teo, mas com seu Bom Caráter tratou logo de ir ao socorro de Sua criatura.

– Meu sempiterno oponente. Estamos ambos interessados em seduzir nosso personagem aí para que se incorpore a nossas hostes, não é assim?

– É a razão de nosso existir – rugiu o Diabo, sacudindo a cauda em sinal de assentimento.

– E fazer-lhe a vontade e não contrariá-lo neste momento, não seria essa a condição primeira para alcançar o objetivo a que nos propomos?

– Lá isso é – admitiu o Diabo, pensando que desta feita não repetiria a estratégia equivocada usada com Fausto, ameaçando-o em lugar de cativá-lo no momento decisivo.

Teo não perdeu a oportunidade para intervir:

– O que estou propondo é que, apenas para quebrar a monotonia, introduzam a variável do entendimento nessa infinita discórdia.

– Sendo assim... – foi consentindo o Diabo com nova sacudida de rabo.

Deus, que estava fatigando-se com essa arenga e já prenunciava a sesta com o primeiro bocejo, esboçou um gesto vago como sua essência, mas que não deixou dúvidas a seus interlocutores que aquiescia à proposta de Teo.

E foi desta maneira que Deus e o Diabo entraram em acordo e – pasmem! – a partir de então melhoraram seu relacionamento interpessoal.

"Se consegui fazer com que Deus e o Diabo se entendessem, não há de ser mais difícil obter o consenso entre Márcio e Minerva" – cogitou Teo, lá com seus cadarços.

VOLTANDO AO HOSPITAL

Teófilo entrou na sala de reuniões do Conselho, ainda tenso e inseguro com o que poderia ocorrer com a presença e a obstinada resistência do Dr. Arquimedes a suas iniciativas. Este estava à cabeceira da mesa e Gregório, como de costume, a seu lado. O grupo conversava animadamente.

Mais uma vez Teófilo solicitou que arrumassem as cadeiras de modo a assumirem a posição "face a face", formando um "U" ao lado da grande mesa de reuniões, movimento autorizado com evidente má vontade pelo decano, que não querendo desgrudar-se de sua cadeira de espaldar alto, sem forças para sobraçá-la, teve que solicitar a um bedel que a carregasse para a posição do encontro anterior.

– Então, alguém se dispõe a relatar ao Dr. Arquimedes e a Gregório, ausentes no Laboratório, o que se passou lá e quais suas impressões? – propôs Teófilo, confiante, desta feita, em contar com a adesão do grupo aos rumos apontados para a consultoria.

Artur tomou a palavra e fez um resumo do que havia acontecido, pondo ênfase na mudança do clima entre os participantes a partir de então.

– Sobretudo entre Sônia e Minerva, não é garotas? – acrescentou Cléber, como sempre galhofeiro.

– Bem, e agora seguimos com a mediação do Márcio e da Minerva? – perguntou Raul, enfiando o dedo pelo colarinho para coçar o pescoço, sempre aflito por dar sequência aos trabalhos, com pressa em concluí-los.

– Pode ser – concordou Teófilo, ainda receoso com a negativa de Minerva de interagir com Márcio. – Os dois estão dispostos a se colocarem face a face em duas cadeiras aqui a minha frente?

Com certo titubeio inicial por parte de Márcio e uma evidente má vontade de Minerva, ambos aceitaram a convocação de Teófilo, que ainda solicitou que durante a mediação os demais permanecessem em silêncio, guardando os comentários para o final, para só então dirigir-se a Márcio e Minerva:

– Antes de qualquer coisa é preciso que se escutem. Enquanto um estiver falando, o outro deve fazer um esforço para ouvi-lo e não ficar logo pensando no que vai contra-argumentar. E lembrem que isso não é uma acareação e sim uma mediação – pontuou Teófilo. – O propósito não é confrontar opiniões, o que já fizeram inúmeras vezes e cujo resultado foi o afastamento progressivo de um entendimento. Duas pessoas com premissas diferentes quanto mais discutem, mais cada qual se aferra a seus argumentos e se convence de que está com a razão. Isso é o que se tenta evitar com um enfoque mediador. A mediação pressupõe que se tenha que fazer concessões mútuas e que ninguém saia como vitorioso e com todas as suas demandas atendidas. Está claro?

– Acho difícil conciliar pontos de vista tão opostos como os que temos – opinou Márcio.

– Nisso concordo com Márcio – disse Minerva.

– Pois então já partimos de algo em que os dois concordam. Algo mais que possam colocar como consenso entre vocês?

– Bem, creio que podemos dizer que ambos queremos o melhor para o Hospital – afirmou Márcio.

– Sim, me parece que somos bastante comprometidos com o futuro do Hospital, embora cada qual a sua maneira – observou Minerva. – Aliás, penso que somos mesmo aqueles mais identificados com a instituição e preocupados com seu futuro.

Neste momento, desobedecendo às instruções de Teófilo, Dr. Arquimedes faz uma intempestiva intervenção:

– Alto lá, Minerva. Acho que está sendo injusta comigo. Ninguém mais do que eu está preocupado e querendo solucionar os problemas do Hospital, parte deles criada por vocês.

Minerva enrijeceu o corpo na cadeira e

enrubesceu, percebendo a gafe que cometera. Não disse nada, mas inesperadamente Márcio veio em seu socorro:

– Dr. Arquimedes, creio que Minerva não o estava incluindo nos comentários que fez. Além de que, mesmo divergindo entre nós, nunca deixamos de apoiá-lo em iniciativas suas para o bem do Hospital, como quando nos solicitou que atualizássemos os programas de treinamento dos funcionários e refizéssemos os protocolos de cada setor.

Dr. Arquimedes deu mostras de se haver tranquilizado com esse reconhecimento de sua liderança e calou-se.

Teófilo retomou a palavra:

– Então já temos dois pontos de concordância entre Márcio e Minerva. Algo mais? Algum comentário sobre o que ambos hajam experimentado quando dos 'feedbacks' na rodada feita na última reunião? Ou que se tenham dado conta ao elaborar o dever de casa?

– Fiquei surpresa por Márcio ter dito que havia gostado de minha sinceridade, quando lhe disse que não havia nada nele que apreciasse – respondeu Minerva.

– E eu esperava um 'feedback' negativo mais contundente, depois dessa introdução que fez Minerva – acrescentou Márcio –, mas as críticas dela limitaram-se a nossas discrepâncias quanto à utilização dos recursos financeiros do Hospital.

– Admito que muitas vezes, nas discussões aqui

no Conselho, tenha me exaltado, fazendo crer que tenha restrições à pessoa do Márcio, mas isso não é verdade – afirmou Minerva.

– Deram-se conta, então, de que as ideias podem brigar, sem que as pessoas tenham que brigar também – resumiu Teófilo.

– É, isso me faz sentido – consentiu Márcio. – Me lembrei que discutia muito com meu pai, com quem tinha divergências políticas, mas nossas discussões nunca afetaram o relacionamento. Por vezes jogávamos tênis no clube, aos sábados à tarde, e depois saíamos juntos para tomar uma cervejinha e então fazíamos um pacto: nada de conversar sobre política agora para não estragar esse momento.

– Que tal saírem juntos para uma conversa, onde esteja vetado falar do Hospital? Vale qualquer assunto menos esse – sugeriu Teófilo.

– Bem, então gostaria de saber se Minerva aceita ir lá em casa neste próximo fim de semana, para comer um churrasquinho conosco.

– Estou com inveja. Também quero ir – interpôs-se Cléber.

– Não, não – retrucou Teófilo, rindo –, desta vez o convite tem que ser exclusivo para a Minerva – e dirigindo-se aos dois: – Mas além do churrasquinho não deixem de reservar espaço para uma conversa como a de Minerva com Sônia. Talvez no aperitivo, sem a presença da esposa e dos filhos de Márcio, certo?

Minerva fez que sim com a cabeça, e Márcio dirigiu-se a ela e lhe deu um beijo no rosto, sob os aplausos dos demais, inclusive do Dr. Arquimedes.

    Teófilo achou que podia dar por findo aquele momento da mediação com o encaminhamento dado. Sabia que tinha muito trabalho pela frente, não só para encaminhar o entendimento entre Márcio e Minerva, mas para reciclar o lixo psíquico restante no grupo, como o expresso pelo ressentimento que percebera ter ficado pelo comentário de Minerva sobre só ela e Márcio se interessarem pelos destinos do Hospital, desqualificando os demais. Porém cada coisa a seu tempo. *"É um processo, não uma milagrosa intervenção pontual"*, refletiu Teófilo, reassegurando-se de que estava no rumo certo. *"Como minha avó dizia"*, recordou-se, *"temos que tirar o pó dos móveis dia após dia"*.

EM BUSCA DA ALQUIMIA ÍNTIMA

Isa andava diferente desde que assistira a uma palestra, proferida por dois renomados terapeutas de casais, e comprara o livro que haviam escrito sobre o tema que abordaram: Alquimia Íntima. Teo havia percebido suas mudanças e queria saber de que tratava aquele livrinho que ela andava lendo na cama, antes de dormir.

– Acho que você devia ler e tirar suas próprias conclusões sobre o que diz o texto – disse Isa, estendendo-lhe o livro quando ele deitou-se a seu lado já de pijama.

– Está bem, vou lê-lo. Mas o que é essa tal de alquimia íntima?

– É uma metáfora, obviamente. Assim como os alquimistas, partindo de metais menos nobres procuravam obter ouro ou prata, a ideia dos autores é que duas pessoas, mesmo com suas imperfeições, possam constituir um casal bem sucedido, desde que saibam promover entre eles as transformações necessárias para isso.

– Bem, Isa, todos sabemos que os alquimistas não conseguiram o que buscavam – replicou Teo, com um bocejo.

– Sim, Teo, mas também sabemos que seu objetivo se tornou viável com recursos da moderna tecnologia.

– Mas a que custo? O produto passa a ter menos valor que o processo para obtê-lo.

– Lá vem você com sua racionalidade! – exclamou Isa, levantando-se e dirigindo-se ao banheiro. – Como lhe disse, é uma metáfora. Claro que tem um custo alto, por exemplo, fazer concessões a fim de se criarem condições para uma vida compartilhada. Mas não precisamos abrir mão de nossas individualidades. Isso é o que propõe o livro.

– Bem, você disse que teve que abrir mão da sua para viver comigo.

– Por isso para mim a relação ficou insatisfatória. Mas você não é responsável pelo que aconteceu. Tenho consciência que é tudo a dois. Somos responsáveis não só pelo que cativamos, como dizia o Pequeno Príncipe, mas também pelo sofrimento que causamos a nós mesmos numa relação – disse Isa, entrando no banheiro.

Teo ouviu a batida da escova de dente contra o metal da torneira e riu-se, lembrando os muitos gestos rituais de Isa que lhe permitiam acompanhar seus passos mesmo à distância.

– Você hoje está diferente, Isa, falando com uma linguagem sofisticada... Assumindo sua parcela de responsabilidade em nossos problemas conjugais... Isso tudo é decorrência da leitura do livro? – indagou Teo, quando Isa assomou à porta do banheiro.

– Não, Teo. Foi porque você tem feito mudanças na maneira de me tratar. E quando se quer mudar o outro, nada como começar a mudança por nós mesmos. Sua atitude me estimulou a mudar a minha.

– A que atitude se refere?

– Bem, você parou de me rotular de chata, crítica, padecendo de déficit de atenção... – foi dizendo Isa, enquanto apagava a luz do quarto para deixá-lo iluminado apenas pelas lâmpadas de cabeceira.

– Em contrapartida, você não tem me chamado mais de queixoso, pessimista, mal-humorado – acrescentou, rindo, Teo.

– Tenho que ser honesta e reconhecer seus esforços para melhorar nosso relacionamento – admitiu Isa, afastando os lençóis e aninhando-se ao peito de Teo.

– Estamos aprendendo a reciclar nosso lixo psíquico.

– Que história é essa de "lixo psíquico", que você prometeu me dizer do que se tratava? – indagou Isa.

Teo, então, pacientemente repetiu para Isa o que tinha exposto aos conselheiros.

– Esse Laboratório levantou sua auto-estima, não é Teo? Parece que desde então a consultoria engrenou, não foi? Pelo menos não o vejo tão aborrecido com o trabalho.

– Fico feliz que você tenha notado meu esforço de ser menos queixoso e procurar lhe agradar, mas é verdade que também estou com menos razões para lamentações na vida profissional – comentou Teo, para em seguida escorrer os dedos pelos cabelos de Isa e aspirar o perfume que deles emanava. – Hummm! Está cheirosa... Adoro quando se perfuma assim para vir deitar-se a meu lado.

– Que bom que notou que me perfumei, ultimamente nem reparava nisso – disse Isa, soerguendo-se sobre os cotovelos e encarando Teo. – Sabe o que aprendi neste livro? Que amar é não ter que pedir perdão, ou seja, amar é procurar não repetir o que fiz e magoou o outro. Se não fizer mais o que aborreceu você, então não preciso pedir perdão.

– Você não tem mais falado em separação. Posso tomar isso como indício que está reinvestindo em nossa relação?

– Um casamento é como uma casa que tem que ser arrumada e limpa todos os dias – comentou Isa, afundando a cabeça no travesseiro e olhando pensativa para o teto.

Teo lembrou-se outra vez do que dizia a avó e acrescentou, espichando-se na cama e também olhando para cima:

– Mas de vez em quando a gente tem que fazer uma faxina, não é? – Sabe o que estava pensando? Que temos que reavaliar nossos projetos de vida futuros para ver se eles são compatíveis. Você não cansa de dizer que é uma mulher urbana e ficaria infeliz se fosse morar comigo num sítio na serra. Por outro lado, não nego que me aborrece viver na cidade e gostaria de passar minha velhice curtindo a natureza, num recanto bucólico qualquer.

– Deus me livre me enterrar num fim de mundo assim! Mas quem sabe temos que discutir a possibilidade de nos desgrudarmos, morar cada um num lugar e nos vermos quando a saudade apertar. Não me desagrada estar algum tempo numa casa de campo, mas não mais que dois ou três dias! Viver lá acho que me enlouqueceria – conjeturou Isa, com um suspiro.

– De minha parte, também sinto falta de hábitos que adquiri vivendo numa cidade: ir a um cinema ou a um teatro, percorrer as estantes de uma livraria, jogar conversa fora com os amigos num bar, ver a vibração das torcidas num estádio de futebol... Mas se me imagino morando junto ao mar não é num lugar como aqui, onde as praias se apinham com os turistas e ficam inacessíveis na temporada.

– Pois procure um lugarejo sossegado à beira-mar e irei visitá-lo com mais frequência. Você sabe que também adoro o mar e detesto o frio da serra. Quem sabe essa minha preferência possa contribuir para que se decida: mar com mais Isa ou sítio na serra com menos Isa.

– Seremos um casal ultramoderno – comentou Teo, divertido. – Primeiro camas separadas, depois quartos separados e finalmente casas separadas.

– Para que não nos separemos, meu querido – acrescentou Isa, voltando o rosto em sua direção –, respeitar as inclinações pessoais é indispensável. Sem isso não poderemos encontrar prazer no que compartilhamos.

– E já que hoje estamos compartilhando a cama, quem sabe... – insinuou Teo, puxando-a para junto de si.

– Você está se passando – disse Isa, mas deixando que Teo deslizasse a mão por baixo de seu pijama. – Depois veja se não pega no sono aqui e volta para sua cama, que seus roncos não me deixam dormir.

– De acordo. Afinal, quando você vem meter seus pés sempre gelados no meio das minhas pernas também não consigo dormir.

– Separados para estar juntos, não é? Como vamos estar daqui a pouco, mais grudados é impossível – brincou Teo.

Acordaram em suas respectivas camas, ainda impregnados dos respectivos cheiros e das lembranças dos carinhos trocados na noite anterior.

Teo espreguiçou-se com uma sensação de bem-estar logo interrompida por um pensamento perturbador: *"O que faria Joca de sua vida?"*

Tinha certeza de que outra não era a preocupação que ocupava a mente de Isa ao despertar.

O NINHO VAZIO

Joca chegou para jantar mais cedo do que costumava.

– Ué filho, a aula de bateria terminou mais cedo hoje? Seu pai ainda está no trabalho.

– Não fui à aula, mãe. Quero conversar com vocês.

– O que é?

– Vamos aguardar o Dr. Teófilo chegar, está bem? – propôs Joca, tentando descontrair com a brincadeira de chamar o pai cerimoniosamente, como a mãe fazia quando convidava o marido para uma conversa séria.

– Certo – respondeu Isa, desconfiada –, ele não demora. Telefonou há pouco avisando que em dez minutos chegaria. Vá tomar seu banho que vou tirando do freezer aquele salmão com molho de maracujá que congelei. Pode ser?

– Ok. Já volto – foi dizendo Joca, subindo apressadamente as escadas de dois em dois degraus, como era seu hábito.

Pouco depois entrou Teo na cozinha, deu um beijo no rosto de Isa, que estava colocando uma travessa no micro-ondas, e anunciou:

– Estive com um novo cliente. Outra consultoria à vista.

– Joca está querendo conversar conosco e pelo seu jeito temos novidades – observou Isa, sem prestar muita atenção no que Teo havia lhe comunicado.

Teo sentou-se à mesa enquanto Isa nela colocava os pratos e talheres, para em seguida gritar para Joca:

– Seu pai já chegou!

– Estou indo!

– Ué, o banho hoje foi mais rápido que de costume – observou Isa, quando ouviu o tropel de Joca escada abaixo.

Joca puxou uma cadeira para junto do pai e, afagando-lhe o ombro, disse:

– Pai, você me disse no outro dia que não era como o vô João Carlos e ia me dar toda a força para eu seguir a carreira que escolhi. Pois eu queria ir para Barcelona estudar música pra valer. Tenho um amigo que vive lá e formou uma banda. Estão precisando de um baterista. O que tocava com eles vai ter que voltar para o Brasil: não conseguiu o visto de permanência. Meu amigo disse que dá pra gente ganhar uns euros tocando em restaurantes e frequentar oficinas de música com uns ingleses que são massa. Caras que até já tocaram com os Beatles e hoje formaram uma espécie de academia de música pop lá. São respeitadíssimos e quem estuda com eles tá na boa depois.

— E como você pensa em se manter? Quanto tempo ficaria por lá? Visto de turista é por pouco tempo... Sabe disso, não? — Isa ia assim crivando Joca de perguntas, aflita.

— Estou bem informado de tudo, mãe. Meu amigo convidou para dividir um *apê* com ele e mais dois que tocam na banda. Disse que o que se ganha tocando nuns lugares onde já são conhecidos dá pra gente se manter. Mas preciso de uma grana pra viagem, pai. E pensei que, como o vô Aurélio é espanhol, enquanto eu fosse renovando os vistos de turista a mãe poderia providenciar por aqui minha dupla nacionalidade.

— Quer dizer que o plano é ficar por lá? — indagou Teo, sobressaltado.

— Sim, é. Não sei se para sempre, mas não quero ter que abandonar a banda como aconteceu com o outro baterista. E nem interromper pela metade um projeto de me tornar músico profissional. Então, vocês me apóiam e vão me dar força?

Teo e Isa se entreolharam, buscando cumplicidade, e Isa falou por Teo:

— Claro, filho. Vamos sentir muito a sua falta, certamente, mas estamos com você para o que der e vier. Felizmente temos recursos para bancar sua ida e manutenção lá enquanto não conseguir se sustentar com seu trabalho.

– E até vamos economizar – gracejou Teo, procurando descontrair. – Afinal, a mensalidade de uma faculdade particular aqui é bem maior do que a mesada que vamos ter que lhe dar por uns tempos.

– Valeu! Sabia que vocês iam me dar uma força. Ninguém tem pais tão legais assim! – exclamou Joca, pespegando um beijo em cada um e saindo às carreiras, gritando da porta: – Vou contar pra galera que estou indo estudar música em Barcelona!

Teo e Isa ficaram uns instantes em silêncio.

– É, parece que temos que saber melhor o que se passa na cabeça dos filhos antes de dar palpites sobre seu futuro, não é mesmo? – comentou Teo.

– E nós agora, que planos temos para o futuro? – perguntou Isa, enquanto retirava do forno o jantar já aquecido.

Teo enlaçou-a pela cintura tão logo Isa depositou a travessa com o salmão na mesa e disse:

– Tenho pensado num projeto para compartilharmos. Vamos lá comendo este peixe que parece delicioso enquanto ponho você a par do que ando ruminando. Um amigo me falou de uma oficina literária que um escritor anglo-brasileiro, James McSill, fará no próximo mês aqui na cidade. Ele ensina teoria literária e supervisiona escritores à distância, pelo Skype do norte da Inglaterra, onde reside. Que parece a você nos inscrevermos nesta oficina? Afinal este é um desejo não realizado que compartilhamos: escrever ficção. Você publicou uma obra que é uma tese acadêmica, não um romance, como sei que desejaria escrever, e eu fico ciscando com meus contos em concursos que não me confirmam se tenho talento para a literatura, embora também não desmintam. Que tal a ideia de seguirmos os passos do Joca e irmos à busca de sonhos que talvez possam ser realizados?

UM ANO DEPOIS

— Isa! Chegou um e-mail do Joca!

Isa, recém saída do banho após regressar da academia, vestiu um roupão, enrolou os cabelos ainda molhados numa toalha e veio correndo para junto de Teo, neste meio tempo ocupado em conectar seu netbook à entrada HDMI de uma TV digital, para que ambos pudessem ler juntos a mensagem do filho, escancarada no telão do aparelho no quarto do casal.

— *"Meus queridos coroas: Não ia aguentar a espera pelo horário em que falamos pelo Skype nos domingos para dar as meganotícias. Ao vivo, com papai e mamãe me encarando no vídeo, ia engasgar, vendo a cara que vão fazer. Achei melhor preparar o espírito de vocês com essa mensagem por escrito. Vamos lá, preparem seus corações que aí vão as novas, assim, sem vaselina: volto para o Brasil mês que vem, quando acabar a renovação da licença para permanência aqui e... e... e VOU SER PAI!!!!! É isso aí, galera da minha baia, a Suzy, aquela gata que conheceram quando vieram me visitar nas férias, vai ter um neném do garotão aqui. Já estamos juntos há quatro meses e acho que estamos maduros para assumir a relação e encarar uma gravidez."*

– Maduros?! – exclamou Teo, interrompendo a leitura, que fazia em voz alta.

Isa, que acompanhava a leitura do texto com a mão no ombro de Teo, jogou-se na cama, estupefata:

– Para assumir uma gravidez? Continue, continue lendo, mas bem devagar, que acompanho daqui, me recuperando do choque.

– Qual choque? A notícia de que vai ser avó? – provocou, rindo, Teo. – Lembra quanto tempo depois de nos conhecermos resolvemos juntar os trapos?

– Uns... Uns quatro meses, é verdade... Que nem eles... Mas tivemos o juízo de não fazer um filho antes de estarmos estabelecidos na vida e com condições de mantê-lo. Quem vai sustentar esses dois e a criança? Nós? Maduros, hem?

– Vamos ver o que diz ele. A mensagem é mais longa do que as que costuma enviar. E olha que fez progressos na escrita. Pelo menos nos conhecimentos da língua evoluiu.

– *"O estágio de Suzy naquela multinacional de publicidade está por acabar, e ela também quer voltar para o Brasil. Já tem promessa de emprego aí. E já falei com o Lico para entrar na banda dele, que anda fazendo sucesso e até no Rock in Rio se apresentou. Dá para ganhar uma grana faceira e garantir o McDonald's do neto de vocês, né? E mais uma meganotícia. Essa acho que vai agradar vocês pra caramba. Decidi fazer o vestibular para ciências da computação! Fiz uns softs pra galera aqui e acho mesmo que levo jeito pra coisa. Afinal, não quero passar o resto da vida batucando numa bateria pra me sustentar. Depois, como a Suzy se especializou em design de sites, já andamos pensando em montar uma empresa e trabalharmos juntos."*

– Olha aí só – interrompeu Isa –, mais trabalho para você, Teo. E não remunerado! Mediar conflitos numa empresa familiar...

– Vestibular... Começar tudo de novo... Mas vai ter que tocar na noite, como eles dizem, para se sustentar durante o curso. Chega de "paitrocínios"... Bem, se o curso for numa faculdade particular eu garanto o pagamento. Mas só dos estudos, para o resto ele vai ter que se virar.

– Conheço bem o boi do meu arado, como dizia meu avô. Com seu coração mole vai acabar dando casa, carro e se encarregando de pagar as despesas com o neto... Ou neta... Bem que gostaria de cuidar de uma menina... – suspirou Isa.

– Agora que você está cursando jornalismo vai ser difícil arrumar tempo para cuidar de crianças – cutucou Teo.

– Vá lá. Termine essa leitura – atalhou Isa.

– *"Bem, espero que até amanhã vocês se recuperem do susto e sejam só sorrisos na frente da minicâmara. Lembrem que a Suzy vai estar aqui ao meu lado para dar um oi para os sogros. Não decepcionem a nora e se mostrem os pais legais e moderninhos que acredito ter. Amo vocês por terem sido parceiros e me deixarem escolher por mim mesmo os caminhos de minha vida. Beijões e até lá. Joca."*

Isa saiu para vestir-se no banheiro, e Teo continuou lendo os e-mails que recebera. Entre eles um do Dr. Arquimedes, convidando-o, em nome do Conselho Deliberativo do Hospital, para a inauguração da Unidade de Alta Complexidade. Teo abriu o anexo com o folder eletrônico do convite e pôs-se a pensar nos acontecimentos desde que dera por encerrada a consultoria.

Com o acordo estabelecido entre os conselheiros para que se construísse a unidade com recursos que não comprometessem o equilíbrio orçamentário, após um 'brainstorming' coordenado por Teo surgiram as ideias, que em seguida se transformaram em ações pragmáticas e em tempo recorde a unidade foi viabilizada.

Dr. Arquimedes encarregou-se de sensibilizar a Comunidade Ecumênica dos Paraísos, entidade mantenedora do Hospital e que congregava o esforço caritativo das várias religiões representadas na cidade, para realizarem eventos e quermesses destinados a levantar fundos para o Hospital poder instalar, num espaço físico já existente, a nova Unidade.

Cléber, com sua verve e picardia habituais, indagara:

– Se há quem doe órgãos, por que não haverá quem doe heranças?

Providenciou-se, então, um levantamento de quais os homens prósperos da cidade haviam falecido recentemente, tendo vivido seus últimos momentos no Hospital, para o que Minerva contribuiu significativamente com os registros sempre atualizados e detalhados que mantinha no setor administrativo. E saiu-se em busca das abastadas famílias, solicitando que disponibilizassem parte do espólio recebido, que seguramente não lhes faria falta, para dotar o hospital de equipamentos dos quais poderiam também se beneficiar no futuro, caso necessitassem.

Márcio, por sua vez, acionou as empresas fornecedoras dos equipamentos para concederem certas facilidades em sua aquisição e instalação no menor prazo possível.

Teo passou os olhos por outras mensagens menos relevantes, deletou o que se acumulara na pasta do lixo eletrônico e foi ao encontro de Isa, que se arrumava a pretexto de ir visitar a irmã e contar as novidades.

– E aí, vovó, o que me diz sobre o e-mail do Joca?

– Não podemos colocar nossas cabeças na dele, não é? – observou Isa, com expressão resignada. – Cada um terá que apreender com a própria experiência. Se pudéssemos transmitir a nossa para os filhos...

– E quem disse que no lugar dele faríamos melhores escolhas? – questionou Teo, lembrando o que dissera na consultoria sobre nem sempre o líder ser mais capaz que seus liderados para decidir o rumo a tomar.

– É isso aí. Tem razão. Temos um filho adulto, dono de seu nariz. Vamos cuidar do nosso, não é mesmo? Vou espairecer – anunciou Isa, colando seus lábios nos de Teo. Apanhou a bolsa e saiu pelo corredor, pisando firme e com ar resoluto.

Teo ficou observando a esposa até seu vulto desaparecer no primeiro lance das escadas que davam para o piso inferior. Pensava nas transformações que haviam se passado em suas vidas de um ano para cá.

Após a oficina literária com James, decidira permanecer com ele, "tutelando" seus escritos pelo Skype por tempo suficiente para reconstruir um romance que havia escrito para deleite próprio. Um livro para um leitor único: para ele mesmo, como costumava dizer. Agora, depois de submetê-lo às críticas de James e ouvir suas sugestões, até já cogitava publicá-lo. Enquanto isso, sua carreira como consultor deslanchara. Com a ajuda de uma colega da oficina literária, decidira-se finalmente a cuidar mais de seu marketing pessoal e dar a conhecer suas competências no mercado de trabalho.

Isa, por sua vez, dera-se por satisfeita com a imersão nas teorias e técnicas literárias proporcionada pela oficina e resolvera retomar o antigo sonho de tornar-se jornalista. Usando sua condição de professora universitária ingressou, sem ter que prestar o exame vestibular, no curso de jornalismo. E já traçava planos de trabalhar como autônoma, assessorando empresas na sua comunicação externa e interna.

Os princípios da alquimia íntima se tornaram o guia de sua vida conjugal, que experimentara uma considerável melhora. Brincavam com a ideia de que se tornaram um casal modelo para aqueles que ingressassem na fase do "ninho vazio" do ciclo da vida familiar.

Estava uma linda tarde de outono. Ainda fazia calor, mas uma brisa começara a soprar, antecipando uma noite de temperatura amena. Teo abriu a janela e sentiu a maresia penetrar-lhe as narinas, como a convidá-lo a descer até a praia. Vestiu seu surrado calção de banho, calçou suas chinelas e lá foi sentar-se em sua pedra filosofal.

Sabia que Deus e o Diabo não iriam aparecer-lhe em sonhos, como em ocasiões anteriores. Tinha agora consciência de que eles não passavam de suas vozes interiores, que precisava escutar para melhor direcionar seu livre-arbítrio.

Explicar o sentido da vida e compreender a essência da condição humana era missão para outros seres pensantes. Para Teo bastava-lhe a incumbência, já por si bastante árdua, de procurar agir de acordo com o que sentia e pensava. Ser, em última análise, um consultor, marido e pai congruente em seus relacionamentos interpessoais. E, é claro, escrever livros que pudessem agradar a seus leitores.

Chegara à conclusão que seu projeto de vida estava focado em auxiliar as pessoas a se relacionarem melhor em seu ambiente de trabalho e na família. Apesar das dificuldades que a tarefa lhe impunha, sentia que ali estava sua verdadeira vocação, onde melhor se evidenciava sua competência e criatividade. Ainda aspirava a escrever ficção e o estudo das técnicas literárias, sem dúvida, poderia ajudá-lo neste propósito. Mas mesmo que chegasse a escrever e publicar-se, não seria esse seu principal legado. A gota d'água que o colibri carrega para apagar o incêndio da floresta corresponderia, em sua existência, ao que pudesse contribuir para tornar os relacionamentos interpessoais menos conflitivos.

Com Isa e Joca estava comprovando que, como na lei de Lavoisier, na família nada se perde, nada se cria, mas tudo se transforma, para que ela não pereça e siga através dos tempos sendo o continente para nossas ansiedades existenciais e a provedora do alimento afetivo que nos nutre.

Com o Diabo que trazia dentro de si aprendera que no fundo todos têm sua parcela de maldade, e precisamos aprender a lidar com ela, primeiro em nós mesmos e depois na que se manifesta a nosso redor. O mal provavelmente nunca se extinguirá, para que Deus e o Diabo permaneçam jogando seus dados no tabuleiro da vida.

E que sentido tinha para ele Deus? Percebia-o não só como o contraponto de bondade para abastecer nossa esperança num futuro menos destrutivo para a humanidade, mas também a fonte de criatividade que gera vidas e as torna produtivas. Deus Autor ou Personagem? Isso importa? Afinal – concluiu Teo – sem autores e personagens não se escreve a História, nem se contam estórias como esta.

Contato com o autor:
osoriogruppos@osoriogruppos.com.br